職場における
メンタルヘルス
不調対策の
実務と書式

未然防止・不調の気付き・
休職・復職への対処法

根本法律事務所 編

民事法研究会

はしがき

　3年に1回実施されている厚生労働省による「患者調査」によれば、平成23年に320.1万人であった精神疾患の総患者数が令和2年には614.8万人に上り、10年の間に倍近く増加しています。令和2年10月1日付の国勢調査では、わが国の人口は1億2,614万6,000人でしたので、実に、20人に1人の割合で精神疾患を患ったということになります。さらに、厚生労働省のホームページでは、生涯を通じて5人に1人程度の割合で心の病気にかかる可能性があるとの指摘もあるような状況です。そのような状況ですので、皆さんの家族や親族の中にも精神疾患で療養したり、通院したりしている人がいるかもしれません。精神疾患は、何も珍しい、特別なことではなく、当たり前の世の中になっています。それは職場においても同様で、精神障害の労災認定も平成23年が325件、令和4年が710件と約10年でこちらも倍増しています。この背景には、精神疾患患者が増えていることもありますが、平成23年12月26日に厚生労働省から「心理的負荷による精神障害の認定基準」が出され、平成11年9月に発出されていた「心理的負荷による精神障害等に係る業務上外の判断指針」が大きく改定されたこと、その後、令和2年5月にも認定基準の改定があったことなどが挙げられます（その後、令和5年9月にも改定されており、精神障害の労災認定の件数が増加する傾向は続くものと思います）。職場でのメンタルヘルスは大企業であっても、中小企業であっても、重要な喫緊の課題となっているといえます。

　しかし、企業の実務担当者や人事部員等は、精神疾患発症者への対応についての経験が乏しかったり、腫れ物に触るような対応をしたりしていることが多いのが実情ではないかと思います。さらに、そもそも、企業の方々やわれわれ弁護士が精神科医でも産業医でもなく、精神疾患に関する医学的知見に乏しいということも問題を難しくしているものと思います。

　最終的には、医学的見解に基づいた対処をしなければならないところです

はしがき

が、実務担当者として、最低限のメンタルヘルス対策の基礎知識を押さえて
おく必要があります。その基礎知識については、行政が発出している指針、
通達、さらにはパンフレット、リーフレット等にまとまっていますが、実務担
当者としては日常業務に追われている中、多くの資料に目を通すことは難し
いのではないかと思います。しかし一方で、メンタルヘルス対策は喫緊の課
題で、自社でも、数名の精神疾患による休職者がいてもおかしくありません。

　そこで、まず、第1部では、行政資料や過去の裁判例をベースに、さらに
は、筆者の実務上の経験等を基に「メンタルヘルス不調対策の基礎知識」を
まとめ、大枠をつかめるような内容としました。それらを基に、第2部では
実務上起こりうる問題を「メンタルヘルス不調対策 Q&A」としてまとめ、
第3部では一般的に参考になると思われる「就業規則・規程・各種書式例」
を掲載しています。すでに精神疾患患者への対応をしている、または、しな
ければならない状況となっている実務担当者の方は、第2部の Q&A から読
み始めてもよいですし、基礎的知識から学ぼうと思われる方は第1部から読
み進めていただいてもよいと思います。

　人事労務はトラブルになる前の予防法務が重要であると思っていますが、
本書がトラブルを未然に防ぎ、また、トラブルが生じてしまった時の問題解
決の一助となれば嬉しく思います。

　最後になりましたが、民事法研究会代表取締役の田口信義様、同社編集部
の都郷博英様には、本書の企画から刊行に至るまできめ細やかなご対応をい
ただき、大変お世話になりました。この場を借りて心より御礼申し上げます。
また、令和5年2月に逝去された執筆者3名の恩師であり、本書の内容に大
きな影響を与えて下さった弁護士髙井伸夫先生に、本書を捧げるとともに、
謹んで哀悼の意を表します。

令和6年6月

根本法律事務所　所長弁護士　根本　義尚

目 次

『職場におけるメンタルヘルス不調対策の実務と書式』

第1部 メンタルヘルス不調対策の基礎知識

1 「人材」である社員 ··· 2

2 非常に身近となっている精神疾患 ······························· 3

3 業務に起因する精神疾患──業務災害の認定（労災認定）·········· 4

4 業務上災害の認定（労災認定）と企業のリスク ············· 7

5 メンタルヘルス不調対策において重要な最高裁判決 ········· 11

6 「ケチな飲み屋のサイン」
　～管理職によるメンタルヘルス不調の気付き～ ············ 13

7 メンタルヘルス指針 ·· 15

8 ラインによるケアの初動～声掛け～ ····························· 20

9 メンタルヘルス不調の未然防止等に役立つストレスチェック
　の集団分析 ··· 22

10 「心の健康問題により休業した労働者の職場復帰支援の手引き」······24

第2部 メンタルヘルス不調対策Q＆A

第1章 休職発令
──メンタルヘルス不調者が出たとき ········30

Q1 休職に入るための手続 ···30

当社の試用期間中の新入社員と勤続4年の社員がそれぞれメンタル
ヘルス不調を理由に休みがちになりました。当社としては、当該社員ら
が引き続き勤務をすることは難しいことから休職してもらいたいと考え
ています。この場合、どのような手続をとればよいのでしょうか。

3

目　次

【書式１】　就業規則例（休職規定）……………………………34
【書式２】　休職発令書 ……………………………………………36
【書式３】　休業・復職のしおり …………………………………37
**Q２　本人がメンタルヘルスの不調を申告してこない場合、あるいは
　　　会社の指示に従わないとき**……………………………40

当社に休みがちな社員がいます。周囲の社員らは、当該社員のメンタルヘルスの不調を疑っています。また、当該社員は、先月の出勤日の半分程度を欠勤していますが、本人から当社に対する説明などは何もありません。当社は、このような社員に対してはどのように接すればよいのでしょうか。

Q３　診断書費用は誰が負担すべきか ……………………………44

当社の社員が体調不良を理由に休職をしたいと言ってきました。しかし、診断書の提出がないため、病名やどの程度の期間の休職が必要であるかなどが全くわかりません。そこで、当社が社員に対して、診断書の提出を求めることは可能でしょうか。また、その際の診断書費用は当社が負担すべきでしょうか、社員が負担すべきでしょうか。

Q４　主治医の診断に疑問があるときの対応 …………………48

当社の社員が欠勤がちとなり、また出社しても周りの社員からすると集中力がなく、トイレに頻繁に行っているような状況です。当社からすると、社員は労務が提供できる状態にはないと考えられます。しかしながら、社員は主治医の診断書をもって労務提供が可能と言っています。このような場合、主治医の診断書に疑問があるとして、社員に産業医との面談を命じることはできるのでしょうか。また、産業医が休業を必要と判断した場合、社員に休職を命じることはできるのでしょうか。

コラム①　主治医は患者のいいなり？ ………………………51

4

目　次

Q5　休職事由の選択 ································52

　当社は建設業を営んでいますが、現在、労務提供が困難と考えられる
社員が2名います。まず、建設現場監督が家族旅行中に交通事故に遭
い、足を複雑骨折して全治5カ月という診断を得ました。また、内勤
社員が精神面の不調で2カ月ほど欠勤している状況で、診断書の提出
もなく、上司から社員への連絡も取れたり、取れなかったりといった状
態です。当社がこの両名に対して、休職を発令することは可能でしょう
か。その場合にどのような休職事由を選択すべきでしょうか。

コラム②　休職事由の欠勤と年次有給休暇の取得 ···········55

Q6　休職期間の終期をどう定めるべきか ···············56

　当社の就業規則には、「当社の従業員が次の各号の一に該当するに
至ったときは、下記事由の認定日に解雇する」という規定があり、その
1つとして「第○条に定める休職期間が満了した時点で休職事由が消
滅しないとき」があります。先日、この規定により退職となった社員か
ら、「解雇予告手当が必要なのではないか」という指摘がありましたが
本当でしょうか。

Q7　新入社員が体調不良となった場合の対応 ···········60

　当社に新卒入社した新入社員が5月のゴールデンウィーク明けから
欠勤し、6月中旬現在に至るまで欠勤をし続けています。当社として
は、新入社員の体調が心配ですし、またこの先当社で勤務をし続けるこ
とができるのかについても疑問が生じています。本件のような場合、当
社としてはどのような対応をとるのがよいのでしょうか。

Q8　配偶者、家族などからの連絡対応 ···············64

　当社の社員がメンタルヘルスの不調で欠勤が続いているところ、当該
社員の配偶者から当社に対して、出勤状況の確認の連絡がありました。
この問い合わせに対して、当社がメンタルヘルスの不調を話してもよい
のでしょうか。社員が休職中だった場合、問い合わせが家族や婚約者な

5

目 次

どによる場合、対応は異なるのでしょうか。

Q9 懲戒処分を行おうとした者から診断書、休職の申出があった場合の対応·········68

　当社にはメンタルヘルスが不調気味な社員がおり、たびたび欠勤をしていました。この度、当該社員が1週間の無断欠勤をしたことから、就業規則に従い、けん責の懲戒処分を予定していたところ、当該社員から「うつ病により2カ月の休養を要する」という内容の診断書の提出、休職の申出がありました。この場合に当社は予定どおり、けん責の懲戒処分を行うことができるのでしょうか。また、仮に無断欠勤が1カ月以上の場合、懲戒解雇をすることはできるのでしょうか。

Q10 有期契約社員が休職に入った場合の対応·········72

　当社の有期雇用の契約社員（契約期間1年、2回更新済み）がうつ病という診断書を提出してきました。当社は就業規則に従い、当該社員の契約満了日が3カ月後でしたので休職期間を3カ月、無給として当該社員に休職命令を発しました。なお、他の無期雇用の社員の休職期間は6カ月、有給となっています。当社のこの休職命令に問題は生じるでしょうか。

【書式4】 就業規則例（休職規定〈契約社員〉）·········75

Q11 休職に入る際の会社の備品やイントラネットへのアクセスの取扱い·········76

　当社のR&D部（研究開発部門）の課長級の社員がうつ病を患い、6カ月の休職に入ります。当該社員はR&Bにおり、当社の新商品開発にかかわる比較的重要な秘密にアクセス可能です。このような社員が休職に入る前に、会社が貸与したパソコンや携帯電話を回収したり、イントラネット（内部ネットワーク）へのアクセスを制限したりすることは可能でしょうか。

目 次

第2章　休職中の問題 ··78

Q12　休職中に提出させるべき書類とその頻度 ···············78

休職期間中に社員（休職者）から会社に提出させるべき書類はどのようなものがあるのでしょうか。また、会社は、休職者にはどのような頻度で連絡すればよいでしょうか。スムーズな復職に資するような対応などを含めて教えてください。

【書式5】　生活記録表 ···81

Q13　休職中の賃金（諸手当、定額残業代、管理監督者）···············82

休職中の賃金はどこまで不支給としてよいでしょうか。たとえば、労務提供そのものの対価ではない家族手当、住宅手当や、通勤手当、定額残業代、管理監督者の場合はどうでしょう。

【書式6】　就業規則例（休職期間中の賃金）····························85

Q14　傷病手当金、社会保険料個人負担分の請求 ···············86

傷病手当金とはどのようなものでしょうか。休職期間中に賃金が発生しない場合に、使用者は休職者に対して、賃金から天引きできない社会保険料個人負担分をどのように請求したらよいでしょうか。傷病手当金から社会保険料個人負担分を控除できるでしょうか。

【書式7】　請求書（社会保険料の請求）····························89

Q15　休職中の活動や副業の制限の可否 ···············90

社員が私傷病休職中に海外旅行に行きたい、副業を行いたいなどと申請した場合に拒否することはできるでしょうか。また、使用者に無許可で海外旅行や副業を行っていることが判明した場合に、使用者は休職を打ち切ったり懲戒処分を行うことはできるでしょうか。

【書式8】　就業規則例（休職期間中の取扱い、副業・兼業）···············91

7

目　次

Q16　休職期間満了が近づいたときの注意点 ……………………92

　メンタルヘルス不調の社員（休職者）の休職期間満了が近づいたとき、何かすべきでしょうか。注意点を教えてください。

【書式９】　休職期間についての連絡 ………………………………93

第３章　復職の申出がなされたとき ………………94

1　復職判断 ……………………………………………………94

Q17　復職を可とする主治医の診断書が提出された場合の対応 …………94

　メンタルヘルス不調により１年近く休職していた社員がこの度「通院しながら就労可能」との診断書を会社に提出してきました。この後、会社としてはどのような対応をすればよいのでしょうか。職場復帰に関する基本的な流れを教えてください。

【書式10】　復職復帰支援に関する情報提供依頼書 …………………99
【書式11】　復職復帰に関する意見書 ………………………………100
【書式12】　復職復帰及び就業上の配慮に関する情報提供書 ………101
Q18　主治医の診断に疑問がある場合の対応 …………………… 102

　メンタルヘルス不調で１年近く休職していた社員が「職場復帰可能」の診断書を提出し、復職希望の申出をしてきました。しかし、定期的な社員からの報告や家族から聞いている家庭内での社員の様子、会社が把握している事実からすると、現時点で、職場復帰が可能な健康状態まで回復したとは考えられません。この場合、どのような対応をとるべきでしょうか。

8

目　次

Q19　主治医への照会や産業医面談を断られた場合に復職を拒否できるか …………………………………………………… 104

　会社が復職可否の判断をするために必要であると判断して主治医に病状の照会を試みたり、産業医面談の設定を試みた場合に、復職希望者が非協力的な態度をとる場合、会社としては復職可否の判断ができないことから、復職を拒否しても構わないでしょうか。

Q20　復職可能かどうかを判断する際にどのような項目に着目すべきか… 106

　メンタルヘルス不調で休職していた社員が「就労可能」との診断書とともに、復職希望を申し出てきました。しかし、「就労可能」との情報のみでは、産業医および会社として復職の可否を判断することはできません。どのような情報を入手するようにすればよいでしょうか。

Q21　「程なく従前の職務を通常に行える」との診断書が提出された場合……………………………………………………… 108

　休職期間満了の直前に「程なく従前の職務を通常に行える」との診断書が提出された場合、復職を拒否し、休職期間満了により退職とすることができるでしょうか。

Q22　主治医と産業医の意見が分かれたときの対応 ………………… 110

　主治医は復職できるとの意見を述べ、産業医は復職できないとの意見を述べるなど、主治医と産業医の意見が分かれたときはどのように対応したらよいでしょうか。

【書式13】　同意書（主治医との面談および情報提供を求める同意） … 113

Q23　産業医がいない場合や産業医の専門が心療内科でない場合 …… 114

　社員のメンタルヘルス不調について使用者として医師の意見を聞きたいのですが、産業医がいない場合や産業医の専門が心療内科でない場合、専門医のあてがない場合に、誰に意見を聞いたらよいでしょうか。

9

目　次

コラム③　産業医の選任 ……………………………………………… 115

Q24　休職期間満了直前の復職申出への対応 ……………………… 116

　メンタルヘルス不調により休職している社員から、休職期間満了直前に、主治医による復職を可とする診断書を添えた復職申出がなされました。当社では主治医の診断のみでは復職を認めておらず、産業医の意見を確認したうえで復職を認めているため、休職期間満了までに復職を可とする判断はできません。この場合、休職期間満了により退職としてよいでしょうか。復職申出を行う場合、休職期間満了の４週間前までに主治医の復職を可とする診断書を添えて行うよう、事前に案内している場合はどうでしょうか。

【書式14】　休職期間延長通知 ……………………………………… 117

2　**復職のオプションおよびプロセス** ……………………… 118

Q25　通勤訓練・試し出勤・慣らし勤務とは ……………………… 118

　休職中の社員から復職希望の意思表示がありましたが、当社はその社員の希望を踏まえて、すぐにフルタイムで復職を許可してもよいものでしょうか。何か段階を踏むべきかなど、留意点があれば教えてください。

Q26　通勤訓練・試し出勤の賃金、規定例 ……………………… 122

　当社には通勤訓練や試し出勤に関する規定がありませんが、メンタルヘルスの不調に陥っていて欠勤が続いている社員が何人かいます。そこで、通勤訓練や試し出勤に関する規定を設けようと思いますが、注意点を教えてください。

【書式15】　就業規則例（通勤訓練・試し出勤） ……………………… 126

Q27　復職を延期し通勤訓練を勧奨できるか ……………………… 128

　当社の休職中の社員が復職を申し出てきたので、社員と面談をしたところ、社員は面談時刻に大幅に遅れるとともに、会話をすること自体に

10

かなり無理をしているようでした。このような状況では到底復職はできないと思いました。社員に復職前に通勤訓練や試し出勤を勧めることができるのでしょうか。

【書式16】 職場復帰までの留意事項、注意点 ……………………………… 131

Q28　慣らし勤務の賃金、規定例 …………………………………… 132

当社の休職中の社員が来月復職することになりました。まずは試し出勤をさせたのですが、その様子を見ると、一応の復職は可能と思われるものの、復職後は業務負担を減らす必要がありそうです。復職後に業務内容や量について配慮をする必要があるのでしょうか、業務内容を減らした場合、賃金も減らすことはできるのでしょうか。

【書式17】 就業規則例（復職） ……………………………………… 136

【書式18】 確認書例（慣らし勤務） ……………………………… 137

Q29　リハビリ勤務を復職扱いとすべきか ……………………… 138

当社の休職中の社員から復職に向けて勤務できるか確認したいという申出がありました。当社ではこのような確認についての前例はありませんが、このような確認は復職後に行うということでよいものでしょうか。

【書式19】 確認書例（リハビリ勤務） ……………………………… 141

③　復職時の業務内容・労働条件 ………………………………… 142

Q30　復職時の業務内容をどのようにすべきか ………………… 142

メンタルヘルス不調で1年間休職をしていた社員がこの度復職することになりそうです。復職の日から休職前に従事していた業務をすべて担当することでよいでしょうか。また、その社員が休職前に従事していた業務については、休職中に、後任担当者が異動してきており、当該社員の復職に合わせて再度異動させるのではなく、当該社員を違う部署で復職させることを考えていますが、そのような対応に問題はないでしょうか。

11

目　次

Q31　職種限定がなく、従前の業務ができない場合の対応 ················ 144

　職種や業務内容を限定する契約をしていない正社員として勤務している社員がメンタルヘルス不調で1年近く休職していますが、もう少しで休職期間満了により退職になりそうです。そうしたところ、その社員から、休職直前に従事していた業務を通常の程度に行えるレベルまで健康状態は回復していないものの、1日3時間勤務のパートタイマーが行っている清掃作業、シュレッダー作業についてはできるので、復職したいとの申出を会社にしてきました。会社は、このような申出を受け入れなければならないのでしょうか。

Q32　従前の業務ができない場合の賃金引下げ ························ 148

　メンタルヘルス不調により休職している社員が復職することになりました。ただ、復職前に従事していた業務が行えない場合に賃金（基本給、職能給、職務給、役職手当、定額残業代等）を引き下げることができるでしょうか。

【書式20】　確認書（復職後の労働条件・賃金） ························ 151

Q33　職種限定があり従前の業務ができない場合 ···················· 152

　職種や業務内容を限定する契約を締結している社員がメンタルヘルス不調で休職していたところ、もう少しで休職期間満了となります。従前の職務ができる状態ではなく、他の業務であれば就労可能であるとのことですが会社として、何らかの対応等を検討する必要はあるのでしょうか。

Q34　短時間であれば復職できるとの診断書が提出された場合の対応··· 154

　主治医作成の「短時間勤務であれば就労可能」といった診断書が復職希望者から会社に提出されました。しかし、当社の所定労働時間は8時間ですので、その時間、休職期間前の職務に従事できる健康状態でなければ、治癒とはいえず、復職を拒否してもよいと理解してよいでしょうか。

12

目 次

**Q35 テレワークであれば復職できるとの診断書が出された場合の
対応** ……………………………………………………… 156

　メンタルヘルス不調で休職していた社員から、同じ部署の同僚がテレ
ワークをしていることを知ったようで、突如、「テレワークであれば業
務可能」と記載された主治医の診断書を提出し、復職したいとの申出が
ありました。会社としてこのような要求に応じる義務はあるのでしょう
か。仮に、テレワークによる復職を認める場合の注意点はありますか。

Q36 会社が指示した軽易業務を社員が拒否した場合 ……………… 160

　メンタルヘルス不調から社員が復職するにあたり、会社が負担軽減の
ためにより軽易な業務に配属しようとしたところ、社員がこれを拒否し、
従前の業務に従事すると申し出ました。業務内容が限定されていない場
合、限定されている場合のそれぞれの場合について、従前の業務に従事
させる必要があるでしょうか。

Q37 障害者雇用促進法における合理的配慮義務との関係 …………… 162

　メンタルヘルス不調により休職する社員は障害者雇用促進法で合理的
配慮を行う必要がある「障害者」にあたるでしょうか。また、復職後に
行う合理的配慮の内容はどのようなものでしょうか。

Q38 復職時・復職後にどのような配慮をすべきか …………………… 164

　メンタルヘルス不調者の職場復帰時、職場復帰後に再発防止等のため
にどのような配慮ができるでしょうか。

13

目 次

4 復職ができなかったとき ………………………………………… 166

Q39 復職の可否の判断基準、立証責任 ……………………………… 166

復職の可否はどのような基準により判断するのでしょうか。また、「治癒」の立証責任（立証が不十分だった場合どちらが不利益を受けるか）は、使用者と社員のいずれが負うのでしょうか。

【書式21】 休職期間満了通知書 …………………………………………… 167

Q40 休職期間満了と他の退職事由が競合した場合の処理 …………… 168

メンタルヘルス不調による休職期間満了と雇用期間満了など他の退職事由が競合した場合や、休職中の社員が退職事由に該当した場合、どの理由で退職としたらよいでしょうか。

【書式22】 契約期間満了通知書 …………………………………………… 171

Q41 休職者が休職期間満了により退職する場合の手続 ……………… 172

メンタルヘルス不調の社員が休職期間満了により退職することとなりました。どのような手続を行う必要があるでしょうか。

【書式23】 退職合意書 ……………………………………………………… 174

【書式24】 退職手続書 ……………………………………………………… 175

Q42 休職期間満了による退職の場合の離職理由 …………………… 176

休職期間満了により退職となった場合、失業手当との関係の離職理由は、自己都合と会社都合のいずれになるのでしょうか。退職金との関係ではどうでしょうか。

Q43 メンタルヘルス不調者や休職者に対する退職勧奨の可否 ……… 180

メンタルヘルス不調者の労務提供が安定しない場合や、メンタルヘルス不調により休職している社員が就労できそうもないのに復職の申出や

14

目　次

ハラスメントを受けたなどとの申出が繰り返されているような場合に、退職して療養に専念してもらうため、退職勧奨をしてもよいでしょうか。また、退職勧奨する場合の注意点はあるでしょうか。

【書式25】　事実認定書（パワハラ）　………………………………… 183

Q44　休職者の未消化の年次有給休暇の処理 ………………… 184

メンタルヘルス不調になった社員に対し休職を発令し、休職期間が満了し、退職となりました。当該社員から、①休職発令後、休職期間満了前、または②休職期間満了後に、未消化の年次有給休暇の取得やその買上げを求められた場合、対応しなければいけないでしょうか。

Q45　メンタルヘルス不調を繰り返す社員への対応 ………………… 186

メンタルヘルス不調を繰り返す社員への注意点はあるでしょうか。

【書式26】　就業規則例（メンタルヘルス不調を繰り返す場合）　……… 187

⑤　労働災害 ……………………………………………………………… 188

Q46　メンタルヘルス不調（精神障害）と労災認定 ………………… 188

業務に起因して精神障害を発症することがあると思いますが、どのような場合に、業務上災害の認定（労災認定）となるのでしょうか。

Q47　労災認定と民事上の損害賠償請求との異同 ………………… 194

労災保険は会社が保険料を納めていますので、そこから社員に補償がなされれば、会社は別途損害を賠償することは必要ないと理解してよいでしょうか。労災認定と会社の損害賠償義務の異同についても教えてください。

コラム④　復職後の賃金引下げの難しさ ………………………………… 196

15

目　次

第３部　就業規則・規程・各種書式例

〔就業規則例〕

■　休職・復職

【書式１】　就業規則例（休職規定）……………………………………… 198

【書式４】　就業規則例（休職規定〈契約社員〉）……………………… 200

■　休職中の賃金、副業・兼業

【書式６】　就業規則例（休職期間中の賃金）…………………………… 200

【書式８】　就業規則例（休職期間中の取扱い、副業・兼業）………… 201

■　復職に向けて

【書式15】　就業規則例（通勤訓練・試し出勤）………………………… 202

【書式17】　就業規則例（復職）…………………………………………… 203

【書式26】　就業規則例（メンタルヘルス不調を繰り返す場合）……… 204

〔各種書式〕

■　休職開始

【書式２】　休職発令書……………………………………………………… 204

■　休職中

【書式３】　休業・復職のしおり…………………………………………… 205

【書式５】　生活記録表……………………………………………………… 208

【書式７】　請求書（社会保険料の請求）………………………………… 209

【書式９】　休職期間についての連絡……………………………………… 210

■　復職

【書式10】　職場復帰支援に関する情報提供依頼書……………………… 211

【書式11】　復職復帰に関する意見書……………………………………… 212

【書式12】　復職復帰及び就業上の配慮に関する情報提供書…………… 213

【書式13】　同意書（主治医との面談および情報提供を求める同意）… 214

16

目　次

【書式14】　休職期間延長通知 ……………………………………………… 214

【書式16】　職場復帰までの留意事項、注意点 ……………………………… 215

【書式18】　確認書例（慣らし勤務） ………………………………………… 216

【書式19】　確認書例（リハビリ勤務） ……………………………………… 216

【書式20】　確認書（復職後の労働条件・賃金） …………………………… 217

【書式21】　休職期間満了通知書 ……………………………………………… 218

■　退　　職

【書式22】　契約期間満了通知書 ……………………………………………… 218

【書式23】　退職合意書 ………………………………………………………… 219

【書式24】　退職手続書 ………………………………………………………… 220

■　認定書

【書式25】　事実認定書（パワハラ） ………………………………………… 220

〔健康情報等の取扱規程〕

【書式27】　健康情報等の取扱規程 …………………………………………… 221

著者一覧 …………………………………………………………………………… 229

17

凡 例

〈凡 例〉

【法令・指針】

パートタイム・有期雇用労働法	短時間労働者及び有期雇用労働者の雇用管理の改善等に関する法律
障害者雇用促進法	障害者の雇用の促進等に関する法律
女雇用機会均等法	雇用の分野における男女の均等な機会及び待遇の確保等に関する法律
安衛法	労働安全衛生法
労災補償保険法	労働者災害補償保険法
労働施策総合推進法	労働施策の総合的な推進並びに労働者の雇用の安定及び職業生活の充実等に関する法律
個人情報保護法	個人情報の保護に関する法律
高年法	高齢者等の雇用の安定等に関する法律
合理的配慮指針	雇用の分野における障害者と障害者でない者との均等な機会若しくは待遇の確保又は障害者である労働者の有する能力の有効な発揮の支障となっている事情を改善するために事業主が講ずべき措置に関する指針（平成27年厚生労働省告示第117号）

【判例集等】

労判	労働判例
労経速	労働経済判例速報
判時	判例時報
判タ	判例タイムズ
裁時	裁判所時報
手引き	改訂　心の健康問題により休業した労働者の職場復帰支援の手引き

※　本書では便宜上原則として、「労働者」を「社員」と表記する。

第 1 部

メンタルヘルス不調
対策の基礎知識

第1部　メンタルヘルス不調対策の基礎知識

1　「人財」である社員

　企業経営のための「資源」として、ヒト、モノ、カネ＋情報といわれる時代になっています。以前は、人事労務管理とよぶことが多かったですが、現在では、「ヒューマンリソースマネージメント」＝「人的資源管理」といわれることが多くなってきているように思います。業務遂行を担う社員は「人的資源」であって、「人財」であるということです。

　メンタルヘルス不調は、精神面のみならず身体面にも影響を及ぼすことが一般的にも知られており、その不調から、業務遂行に支障を生じさせ、生産性の低下を招くこともあり、職場への影響も生じます。さらに、自身はメンタルヘルス不調が原因で、欠勤や休職することも多く、そのうえ、最終的に職場復帰できなければ退職に至ることもあります。

　社員のメンタルヘルス不調は、自身および周りの社員にも影響を与えることから、会社としては、「人財」である社員のメンタルヘルス対策を施すとともに、仮に、メンタルヘルス不調となった社員が出た場合には、その事実を受け止めて、適切な対応をすることが重要になってきます。結果として、メンタルヘルス不調者が職場に復帰できず、退職に至ることもありますが、会社として「人財」に真摯に向き合い、復職支援を試みていくことが求められていると考えておくべきでしょう。

　そうはいっても、会社としては、メンタルヘルス不調者への対応をどのように行ったらよいのか、行うべきなのかわからないというのが本音としてあると思います。本書では、その疑問等を少しでも解消していただければと思い、まずは、「メンタルヘルス不調対策の基礎知識」（第1部）について説明し、次に、「メンタルヘルス不調対策Q&A」（第2部）で具体的事例を基に実践的に解読をし、最後に、「就業規則・規程・各種書式例」（第3部）に各種書式のひな形をまとめて掲載しました。

2

2　非常に身近となっている精神疾患

　巷では、「うつ病」のことを「こころの風邪」などといわれることがあり、皆さんも耳にしたことがあるのではないかと思います。「うつ病」は誰でもすぐにかかる可能性がある精神疾患として知られるところになっており、その他の精神疾患についても身近な病気であるという認識になってきています。厚生労働省のホームページ[1]では、生涯を通じて5人に1人程度の割合で心の病気にかかる可能性があるとの指摘もなされています。3年に1回実施されている厚生労働省による「患者調査」[2]では、平成23年に精神疾患で病院にかかっている人は320.1万人でしたが、令和2年では614.8万人と10年程度の間に約2倍に患者数が増加しています。したがって、皆さんの家族・親戚や職場等においても、精神疾患で療養したり、通院したりしている人がいても驚くようなことではありません。精神疾患は誰でもいつでも罹患する可能性がある身近な病気となってきているといえます。

　しかし、メンタルヘルス不調者は、風邪とは比べものにならないくらい辛い思いをしていることを忘れてはならないと思います。メンタルヘルス不調者が自殺をすることがあることも知られているところです。厚生労働省および警察庁が公表している「令和4年中における自殺の状況」[3]よれば、2万1881人が自殺により亡くなっています。最多であった平成15年の3万4427人から1万人以上減少しているものの、まだまだ多い状況にあるといえます。

　さらに、メンタルヘルス不調は、数日で治るものではなく（数カ月を要するのが一般的）、また、再発率も高いことで知られています。そのため、患者本人は適切な治療を受け、しっかり療養することが重要になりますが、周り

1　厚生労働省「世界メンタルヘルスデー2023」メンタルヘルスとは〈https://www.mhlw.go.jp/kokoro/mental_health_day/amh.html〉。

2　平成23年患者調査の概況〈https://www.mhlw.go.jp/toukei/saikin/hw/kanja/11/index.html〉、令和2年患者調査の概況〈https://www.mhlw.go.jp/toukei/saikin/hw/kanja/20/index.html〉。

3　〈https://www.npa.go.jp/safetylife/seianki/jisatsu/R05/R4jisatsunojoukyou.pdf〉。

第1部　メンタルヘルス不調対策の基礎知識

の人がその病気に対して基礎的な知識および理解をしていることも重要に
なってくるのではないかと思います。

3　業務に起因する精神疾患――業務災害の認定（労災認定）

（1）　年々増加する精神障害の労災認定

　私生活ではなく、職場・業務に起因して精神疾患を発症するケースも増え
てきています。厚生労働省による「過労死等の労災補償状況」[4]によると、精
神障害に関する労災補償の請求件数は、平成23年が1,272件、令和5年が
3,575件、支給決定件数は、平成23年が325件、令和5年が883件となってお
り、ともに約10年で倍以上の数値となっています。精神障害の労災認定の理
由としては、近年においては、「上司等から、身体的攻撃、精神的攻撃等の
パワーハラスメントを受けた」、「同僚等から、暴行又はひどいいじめ・嫌が
らせを受けた」、「仕事内容・仕事量の大きな変化を生じさせる出来事があっ
た」、「セクシュアルハラスメントを受けた」、「いわゆる長時間労働」による
ものが大多数を占めている状況です。その中でも、令和2年5月29日付で新
規に追加された出来事の項目であるいわゆるパワーハラスメントを理由とす
るものが突出して多い状況にあります。

　なお、令和2年2月以降の新型コロナウイルス感染症の感染拡大等の影響
により、テレワーク等これまでと異なる就業形態での就労となる社員も増え、
これまでとは異なる新しいメンタルヘルス問題も生じてきています。

（2）　精神障害の労災認定要件の概要

　精神障害の労災認定の要件は、「心理的負荷による精神障害の認定基準」[5]
（令和5年9月1日基発0901第2号。以下、「精神障害の労災認定基準」といいま
す）に定められています。その中でも、下記②の要件が重要になりますが、
少し複雑になりますので、補足します。

4　〈https://www.mhlw.go.jp/stf/newpage_40975.html〉。

5　〈https://www.mhlw.go.jp/content/11201000/001140929.pdf〉。

3　業務に起因する精神疾患──業務災害の認定（労災認定）

精神障害の認定要件

① 対象疾病を発病していること。
② 対象疾病の発病前おおむね6か月の間に、業務による強い心理的負荷が認められること[6]。
③ 業務以外の心理的負荷及び個体側要因により対象疾病を発病したとは認められないこと。

（A）特別な出来事に該当する出来事がある場合

　まず、精神疾患発症からおおむね6カ月以内に「特別な出来事」がある場合には、心理的負荷の総合評価は「強」となり（〔表1〕参照）、③の消極的要件に該当しなければ労災認定となります。

〔表1〕　**特別な出来事がある場合の心理的負荷**

特別な出来事の類型	心理的負荷の総合評価を「強」とするもの
心理的負荷が極度のもの	・生死にかかわる、極度の苦痛を伴う、又は永久労働不能となる後遺障害を残す業務上の病気やケガをした（業務上の傷病による療養中に症状が急変し極度の苦痛を伴った場合を含む）
	・業務に関連し、他人を死亡させ、又は生死にかかわる重大なケガを負わせた（故意によるものを除く）
	・強姦や、本人の意思を抑圧して行われたわいせつ行為などのセクシュアルハラスメントを受けた
	・その他、上記に準ずる程度の心理的負荷が極度と認められるもの
極度の長時間労働	・発病直前の1か月におおむね160時間を超えるような、又はこれに満たない期間にこれと同程度の（例えば3週間におおむね120時間以上の）時間外労働を行った

（精神障害の労災認定基準　別表1「業務による心理的負荷評価表」抜粋）

6　精神障害の労災認定基準 別表1「業務による心理的負荷評価表」を指標として、「強」となる場合。

第1部 メンタルヘルス不調対策の基礎知識

〈図１〉精神障害の労災認定フローチャート

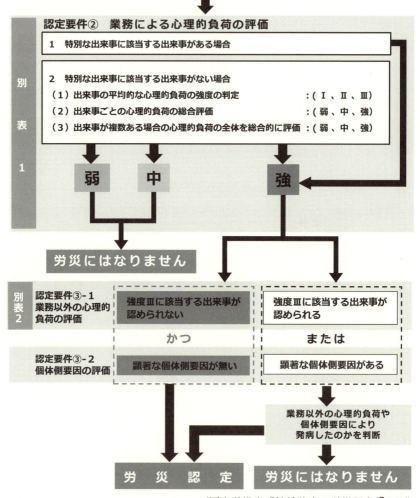

（厚生労働省「精神障害の労災認定」[7]10頁）

---

7 〈https://www.mhlw.go.jp/content/001168576.pdf〉。

（B）特別な出来事に該当する出来事がない場合

次に、「特別な出来事」がない場合には、精神障害の労災認定基準の別表1「業務による心理的負荷評価表」に記載されたどの出来事の類型に該当するのかを確認します。この別表1では、類型化された「具体的出来事」ごとに、平均的な心理的負荷の強度が「Ⅰ」「Ⅱ」「Ⅲ」（Ⅲの強度が最も強い）として定められています。たとえば、近年において、精神障害の労災認定の理由として上述した出来事については、「上司等から、身体的攻撃、精神的攻撃等のパワーハラスメントを受けた」は「Ⅲ」、「同僚等から、暴行又はひどいいじめ・嫌がらせを受けた」は「Ⅲ」、「仕事内容・仕事量の大きな変化を生じさせる出来事があった」は「Ⅱ」、「1か月に80時間以上の時間外労働を行った」は「Ⅱ」、「2週間以上にわたって休日のない連続勤務を行った」は「Ⅱ」、「セクシュアルハラスメントを受けた」は「Ⅱ」と定められています。その後、「当該出来事」および「出来事後の状況」を加味して総合評価して心理的負荷の総合評価を行い、「弱」「中」「強」の心理的負荷の強度を判定することになります。セクハラおよびパワハラについて、上記別表1の記載を抜粋しておきます（〔表2〕）。

また、いずれの出来事でも単独では「強」の評価とならない場合の出来事が複数ある場合の全体評価については、大要、〈図2〉のように定められています。なお、この論理は、複数の会社で就労していた場合（複数業務要因災害）の全体評価にも妥当するとされています。

4　業務上災害の認定（労災認定）と企業のリスク

精神障害の労災認定を受けた社員は、会社に対して労働契約上の義務違反（安全配慮義務違反）または不法行為に基づく損害賠償請求を行う可能性が高くなります。

業務上災害の認定は、労災補償保険法の要件を充足しているか否かの客観的な判断（因果関係の確認）となり、会社や管理職の過失等は問わない無過

第1部　メンタルヘルス不調対策の基礎知識

〔表2〕　セクハラ・パワハラについての心理的負荷

出来事の類型	具体的出来事	平均的な心理的負荷の強度			心理的負荷の総合評価の視点	弱
		Ⅰ	Ⅱ	Ⅲ		
パワーハラスメント	上司等から、身体的攻撃、精神的攻撃等のパワーハラスメントを受けた			☆	・指導・叱責等の言動に至る経緯や状況等 ・身体的攻撃、精神的攻撃等の内容、程度、上司（経営者を含む）等との職務上の関係等 ・反復・継続など執拗性の状況 ・就業環境を害する程度 ・会社の対応の有無及び内容、改善の状況等 （注）当該出来事の評価対象とならない対人関係のトラブルは、出来事の類型「対人関係」の各出来事で評価する。 （注）「上司等」には、職務上の地位が上位の者のほか、同僚又は部下であっても、業務上必要な知識や豊富な経験を有しており、その者の協力が得られなければ業務の円滑な遂行を行うことが困難な場合、同僚又は部下からの集団による行為でこれに抵抗又は拒絶することが困難である場合も含む。	【「弱」になる例】 ・上司等による「中」に至らない程度の身体的攻撃、精神的攻撃等が行われた
セクシュアルハラスメント	セクシュアルハラスメントを受けた		☆		・セクシュアルハラスメントの内容、程度等 ・その継続する状況 ・会社の対応の有無及び内容、改善の状況、職場の人間関係等	【「弱」になる例】 ・「○○ちゃん」等のセクシュアルハラスメントに当たる発言をされた ・職場内に水着姿の女性のポスター等を掲示された

4 業務上災害の認定（労災認定）と企業のリスク

心理的負荷の強度を「弱」「中」「強」と判断する具体例	
中	強
【「中」になる例】 ・上司等による次のような身体的攻撃・精神的攻撃等が行われ、行為が反復・継続していない ▸ 治療を要さない程度の暴行による身体的攻撃 ▸ 人格や人間性を否定するような、業務上明らかに必要性がない又は業務の目的を逸脱した精神的攻撃 ▸ 必要以上に長時間にわたる叱責、他の労働者の面前における威圧的な叱責など、態様や手段が社会通念に照らして許容される範囲を超える精神的攻撃 ▸ 無視等の人間関係からの切り離し ▸ 業務上明らかに不要なことや遂行不可能なことを強制する等の過大な要求 ▸ 業務上の合理性なく仕事を与えない等の過小な要求 ▸ 私的なことに過度に立ち入る個の侵害	【「強」である例】 ・上司等から、治療を要する程度の暴行等の身体的攻撃を受けた ・上司等から、暴行等の身体的攻撃を反復・継続するなどして執拗に受けた ・上司等から、次のような精神的攻撃等を反復・継続するなどして執拗に受けた ▸ 人格や人間性を否定するような、業務上明らかに必要性がない又は業務の目的を大きく逸脱した精神的攻撃 ▸ 必要以上に長時間にわたる厳しい叱責、他の労働者の面前における大声での威圧的な叱責など、態様や手段が社会通念に照らして許容される範囲を超える精神的攻撃 ▸ 無視等の人間関係からの切り離し ▸ 業務上明らかに不要なことや遂行不可能なことを強制する等の過大な要求 ▸ 業務上の合理性なく仕事を与えない等の過小な要求 ▸ 私的なことに過度に立ち入る個の侵害 ・心理的負荷としては「中」程度の身体的攻撃、精神的攻撃等を受けた場合であって、会社に相談しても又は会社がパワーハラスメントがあると把握していても適切な対応がなく、改善がなされなかった ※ 性的指向・性自認に関する精神的攻撃等を含む。
【「中」である例】 ・胸や腰等への身体接触を含むセクシュアルハラスメントであっても、行為が継続しておらず、会社が適切かつ迅速に対応し発病前に解決した ・身体接触のない性的な発言のみのセクシュアルハラスメントであって、発言が継続していない ・身体接触のない性的な発言のみのセクシュアルハラスメントであって、複数回行われたものの、会社が適切かつ迅速に対応し発病前にそれが終了した	【「強」になる例】 ・胸や腰等への身体接触を含むセクシュアルハラスメントであって、継続して行われた ・胸や腰等への身体接触を含むセクシュアルハラスメントであって、行為は継続していないが、会社に相談しても適切な対応がなく、改善がなされなかった又は会社への相談等の後に職場の人間関係が悪化した ・身体接触のない性的な発言のみのセクシュアルハラスメントであって、発言の中に人格を否定するようなものを含み、かつ継続してなされた ・身体接触のない性的な発言のみのセクシュアルハラスメントであって、性的な発言が継続してなされ、会社に相談しても又は会社がセクシュアルハラスメントがあると把握していても適切な対応がなく、改善がなされなかった (注) 強姦や、本人の意思を抑圧して行われたわいせつ行為などのセクシュアルハラスメントは、特別な出来事として評価

（精神障害の労災認定基準　別表1「業務による心理的負荷評価表」抜粋）

9

〈図２〉　出来事が複数ある場合の評価

① 複数の出来事が関連して生じた場合には、その全体を一つの出来事として評価します。原則として最初の出来事を具体的出来事として別表１に当てはめ、関連して生じたそれぞれの出来事は出来事後の状況とみなし、全体の評価をします。

② 関連しない出来事が複数生じた場合には、出来事の数、それぞれの出来事の内容、時間的な近接の程度を考慮して全体の評価をします（下の図を参照）。

（厚生労働省「精神障害の労災認定」３頁参照）

失責任を前提としています（労働行政は、精神障害の労災認定基準に基づいて業務上外の判断を行います）。これに対して、社員の会社に対する損害賠償請求では、過失責任が前提となり、安全配慮義務や注意義務の前提となる予見・結果回避可能性が要件となるうえ、因果関係についても一定の主観的要素を考慮して判断されることになりますので、業務上災害の認定と損害賠償責任とは別物です。しかし、業務上災害の認定を受けたということは、行政機関がその社員の精神疾患と業務との間に、客観的な因果関係があると判断したことになりますので、その事実をもって、社員が会社や上司である管理職に対して損害賠償請求をしてくるケースが多くなってきています。会社としては、損害賠償請求が認められるか否かにかかわらず、相当な負担とリスクを負うことになることを念頭においておく必要があります。

　また、精神障害の労災認定基準が一般にも公表されていますので、会社には一定の予見可能性があるのではないかといった指摘を受ける可能性もあるように思います。そのようなことから、人事労務担当者としては、精神障害の労災認定基準や行政指針等を確認しておくことが求められるとともに、後述する重要な最高裁判決等についても一定程度内容を押さえておく必要があります。

5 メンタルヘルス不調対策において重要な最高裁判決

重要な最高裁判決や裁判例がたくさん出されていますが、メンタルヘルス対策との関係で特に重要だと思われるものを端的に3つ紹介します。

（1） 電通事件（最判平12・3・24労判779号13頁）

この判決は、入社2年目の若い労働者（社員）がうつ病に罹患した後に自殺した事件に関し、「使用者は、その雇用する労働者に従事させる業務を定めてこれを管理するに際し、業務の遂行に伴う疲労や心理的負荷等が過度に蓄積して労働者の心身の健康を損なうことがないよう注意する義務を負う」と指摘しています。この指摘は、直接的には不法行為における注意義務の内容として述べられていますが、安全配慮義務（現在では、労働契約法5条の解釈）の内容としてもあてはまると解されています。

労働契約法
（労働者の安全への配慮）
第5条 使用者は、労働契約に伴い、労働者がその生命、身体等の安全を確保しつつ労働することができるよう、必要な配慮をするものとする。

（2） 東芝（うつ病・解雇）事件（最判平26・3・24労判1094号22頁）

この判決は、女性技術者がうつ病に罹患した後に休職期間満了による解雇になった事件に関し、「使用者は、必ずしも労働者の申告がなくても、その健康に関わる労働環境等に十分な注意を払うべき安全配慮義務を負っている」、「労働者にとって過重な業務が続く中でその体調の悪化が看取される場合には、上記のような〔精神的健康に関する：筆者注〕情報については労働者本人からの積極的な申告が期待し難いことを前提とした上で、必要に応じてその業務を軽減するなど労働者の心身の健康への配慮に努める必要がある」と指摘しています。この指摘は、要するに、精神的健康（いわゆるメンタルヘルス）に関する情報については、労働者（社員）としては、会社に知

第 1 部　メンタルヘルス不調対策の基礎知識

られることなく就労を継続しようとすることを使用者においても想定してお
くべきであるということを前提にしています。端的にいえば、会社にメンタ
ルヘルスの不調を知られたくないので、自ら積極的に会社に申告してこない
可能性が高いということを会社は知っていなければならないということです。

（3）　日本ヒューレット・パッカード事件（最判平24・4・27労判1055号 5 頁）

　この判決は、「精神的な不調のために欠勤を続けていると認められる労働
者に対しては、精神的な不調が解消されない限り引き続き出勤しないことが
予想されるところであ」り、使用者としては、「精神科医による健康診断を
実施するなどした上で」、「その診断結果等に応じて、必要な場合は治療を勧
めた上で休職等の処分を検討し、その後の経過を見るなどの対応を採るべ
き」であると指摘しています。この事件では、労働者（社員）からメンタル
ヘルス不調等に関する診断書の提出がなく、会社は無断欠勤に該当するとし
て諭旨退職処分としたものの、裁判所は、精神疾患が疑われるような場合に
は、上記のような対応をとるべきで、健康配慮を尽くすことを求める内容と
なっています。

（4）　まとめ

　以上の重要な判決の内容を見ますと、会社によるメンタルヘルス対応で重
要になってくるのは、「ライン（管理職）による気付き」、「ラインによるケ
ア」ということではないかと解されます。加えて、メンタルヘルス不調・精
神疾患というのは、非常に身近な病気であって、誰しもが罹患する可能性が
あること、その健康情報については一般的には会社に知られたくないと思う
ものであることからも、雇用喪失前提での対応や精神疾患を理由とする欠勤
等について直ちに企業秩序違反ととらえることなく、丁寧な対応をとること
を求めているといえるのではないかと解されます（雇用喪失の場面で会社が丁
寧な対応を行うべきであることを重視したと評価できる判決として、キヤノンソ
フト情報システム事件（大阪地判平20・1・25労判960号49頁）があります）。

12

6 「ケチな飲み屋のサイン」
   〜管理職によるメンタルヘルス不調の気付き〜

　裁判所は、「ライン（管理職）による気付き」、「ラインによるケア」が重要であると指摘しています。それはわかったが、どのようにして気付くことができるのか、なかなか難しい問題です。気付かなければケアをすることもできないし、管理職や会社として適切な対応を試みること、丁寧な対応をとることもできません。

　筆者が、クライアントへの助言や講演等で指摘させていただいている「気付き方」についてご紹介いたします。筆者が弁護士になった20年前、すでに、職場におけるメンタルヘルス不調者への対応が問題になりつつありました。事案に出会うたびに、「メンタルヘルス不調の兆候がわかれば、早いうちに対策が打てるのに……」と思って数年経過した頃に、うつ病等の可能性がある業務上のサインとして、「ケチな飲み屋のサイン」というわかりやすい指標に出会いました。産業医としてご活躍されている鈴木安名先生（公益財団法人大原記念労働科学研究所協力研究員・医学博士）が提唱した「うつ病発見のためのサイン」です（鈴木安名『人事・総務担当者のためのメンタルヘルス読本』42頁）。具体的には、㋘＝「欠勤が多くなる」、㋡＝「遅刻・早退をするようになる」、㋔＝「泣き言を言うようになる」、㋩＝「能率の低下」、㋯＝「ミス・事故（トラブル）が多くなる」、㋘＝「辞めたいと言い出す」という兆候の頭文字を取った語呂合わせです（〈図3〉）。ここで、管理職の皆さんから、「自分には部下が数十人もいて、日々の発言を逐一気にかけることなどできない」という声が聞こえてきそうです。そういう管理職の方でも、勤怠記録を確認すれば、欠勤や遅刻・早退についてはすぐ把握することができます。以下の表の中でも指摘していますが、当日欠勤の連絡、遅刻の連絡が遅い、電話で直接報告してくるのではなく、メールやチャットのみでの連絡をしてくるなどといったことについては、把握しやすいのではないでしょうか。

13

第1部　メンタルヘルス不調対策の基礎知識

「体調不良」というだけで具体的な症状や病状等を伝えてこないことも同様です。また、能率の低下については、挽回しようとして長時間労働が増えるという傾向にありますので、こちらも勤怠記録を確認すれば把握が可能です。通常業務で忙しい中ではありますが、管理職としてできることから始めてみましょう。

〈図３〉「ケチな飲み屋」のサイン──うつ病等の可能性がある業務上の
　　　　６つのサイン（管理職による気付き）

け	=	欠勤が多くなる　⇒　出勤日当日欠勤の連絡
ち	=	遅刻・早退をするようになる　⇒　遅刻の連絡が遅い

＊出勤日当日欠勤の連絡、遅刻の連絡が遅い、メールやチャットのみでの連絡、
　具体的な体調不良の指摘がない、風邪っぽい など

な	=	泣き言を言うようになる
の	=	能率の低下　⇒　挽回しようとして長時間労働も増える・・・

＊勤務状態であって、管理職ならだれでもチェックできるはず

み	=	ミス・事故（トラブル）が多くなる
や	=	辞めたいと言い出す

（前掲『人事・総務担当者のためのメンタルヘルス読本』42頁を参考に筆者作成）

「ケチな飲み屋のサイン」以外にも、これまで各種案件でご一緒させていただいた精神科医や心療内科医の先生からうかがった話では、「欠伸をよくする」、「目に力がない」、「物忘れが多くなる」、「髪型・身だしなみが乱れる」といったこともうつ病等の可能性があるサイン・兆候として指摘できるとのことでした。

次に紹介する厚生労働省「労働者の心の健康の保持増進のための指針」[8]（平成27年11月30日健康保持増進のための指針公示第６号、以下、「メンタルヘルス指針」といいます）の内容をわかりやすく紹介している同省「職場における心の健康づくり～労働者の心の健康の保持増進のための指針～」[9]（以下、「パンフレット」といいます）があり、「ラインによるケアとしての取組み内

8　〈https://www.mhlw.go.jp/hourei/doc/kouji/K151130K0020.pdf〉。
9　〈https://www.mhlw.go.jp/content/000560416.pdf〉。

7 メンタルヘルス指針

容」「管理監督者による部下への接し方」の紹介の中で、「『いつもと違う』部下の様子」の具体例として以下の指摘がなされていますので、参考にしてみてください（〈図4〉）。

〈図4〉「いつもと違う」部下の様子

○ 遅刻、早退、欠勤が増える
○ 休みの連絡がない（無断欠勤がある）
○ 残業、休日出勤が不釣合いに増える
○ 仕事の能率が悪くなる。思考力・判断力が低下する
○ 業務の結果がなかなかでてこない
○ 報告や相談、職場での会話がなくなる（あるいはその逆）
○ 表情に活気がなく、動作にも元気がない（あるいはその逆）
○ 不自然な言動が目立つ
○ ミスや事故が目立つ
○ 服装が乱れたり、衣服が不潔であったりする

（パンフレット16頁）

7 メンタルヘルス指針

（1） メンタルヘルスケアの推進が求められる会社

　厚生労働省は、平成18年3月にメンタルヘルス指針を策定しています（最新改正：平成27年11月30日）。この指針は、労働安全衛生法70条の2に基づき、同法69条1項の適切かつ有効な実施を図るための指針として、事業場において事業者[10]が講ずる社員の心の健康の保持増進のための措置（以下、「メンタルヘルスケア」といいます）が適切かつ有効に実施されるよう、メンタルヘル

10　事業を行う者で、労働者を使用するものをいい（安衛法2条3号）、法人企業であれば当該法人（当該法人の代表者ではありません）、個人企業であれば事業経営主を指します。これは、労働基準法の義務主体である「使用者」と異なり、事業経営の利益の帰属主体そのものを義務主体としてとらえ、安全衛生上の責任を明確にした表現となります（昭和47年11月15日基発725号）。労働基準法上の「使用者」とは、事業主または事業の経営担当者その他その事業の労働者に関する事項について、事業主のために行為するすべての者をいいます（労働基準法10条）。本書では、事業主および事業者についてを「会社」としてまとめて表現しています。

15

第1部　メンタルヘルス不調対策の基礎知識

スケアの原則的な実施方法について定めています。

労働安全衛生法
（健康教育等）
第69条　事業者は、労働者に対する健康教育及び健康相談その他労働者の健康の保持増進を図るため必要な措置を継続的かつ計画的に講ずるように努めなければならない。
2　労働者は、前項の事業者が講ずる措置を利用して、その健康の保持増進に努めるものとする。

（健康の保持増進のための指針の公表等）
第70条の2　厚生労働大臣は、第69条第1項の事業者が講ずべき健康の保持増進のための措置に関して、その適切かつ有効な実施を図るため必要な指針を公表するものとする。
2　厚生労働大臣は、前項の指針に従い、事業者又はその団体に対し、必要な指導等を行うことができる。

（2）　メンタルヘルスケアの基本的な考え方

メンタルヘルス指針が指摘している主なポイントとしては、以下の4点となります（以下で指摘する内容については、前述のパンフレットにわかりやすくまとめられており、非常に参考になります）。

（A）　労働者（社員）の意見を聞きつつ実態に即した取組みの実施 ——衛生委員会等による調査審議

労働安全衛生法は、「労働者の精神的健康の保持増進を図るための対策の樹立に関すること」を衛生委員会の付議事項とし、労働者（社員）の意見を聞きつつ、（同法18条1項4項、同規則22条10号）、「心の健康づくり計画」やストレスチェック制度（同法66条の10）の実施方法等に関する規程、個人情報の保護に関する規程等の策定をすることを求めています。

（B）　「心の健康づくり計画」の策定

メンタルヘルスケアは、中長期的視点に立って、継続的かつ計画的に行われることが重要であり、その推進にあたっては、会社が労働者の意見を聞きつつ事業場の実態に則した取組みを行うことが必要であると解されています。

7 メンタルヘルス指針

そのため、衛生委員会等において十分調査審議を行い、「心の健康づくり計画」を策定することが必要になります。

「心の健康づくり計画」に盛り込む事項は、以下のとおりです。

「心の健康づくり計画」に盛り込む事項

① 会社がメンタルヘルスケアを積極的に推進する旨の表明に関すること
② 事業場における心の健康づくりの体制の整備に関すること
③ 事業場における問題点の把握およびメンタルヘルスケアの実施に関すること
④ メンタルヘルスケアを行うために必要な人財の確保および事業場外資源の活用に関すること
⑤ 労働者の健康情報の保護に関すること
⑥ 心の健康づくり計画の実施状況の評価および計画の見直しに関すること
⑦ その他労働者の心の健康づくりに必要な措置に関すること

なお、ストレスチェック制度は、各事業場で実施される総合的なメンタルヘルス対策の取組みの中に位置付けることが重要であるため、心の健康づくり計画において、その位置付けを明確にしておくようにしておく。

（C） 一次予防から三次予防までが円滑に行われるようにすること

メンタルヘルス指針では、上記の「心の健康づくり計画」の実施にあたっては、ストレスチェック制度の活用など職場環境等の改善を通じて、メンタルヘルス不調を未然に防止する「一次予防」、メンタルヘルス不調を早期に発見し、適切な措置を行う「二次予防」およびメンタルヘルス不調となった労働者の職場復帰の支援等を行う「三次予防」が円滑に行われるようにする必要があると指摘しています。

【三次の予防】（目的による分類・取組み）

一次予防：メンタルヘルス不調の未然に防止する取組み
二次予防：メンタルヘルス不調の早期発見および適切な対応を行う取組み
三次予防：メンタルヘルス不調となった労働者の職場復帰の支援等を行う取組み

第1部　メンタルヘルス不調対策の基礎知識

(D)　「心の健康づくり計画」を基に、「4つのケア」を進めること

そして、これまで指摘してきた取組みにおいては、教育研修、情報提供および「セルフケア」、「ラインによるケア」、「事業場内産業保健スタッフ等によるケア」ならびに「事業場外資源によるケア」の4つのメンタルヘルスケ

〈図5〉　4つのケア

心の健康づくり計画の策定

4つのケア

セルフケア

　事業者は労働者に対して、次に示すセルフケアが行えるように教育研修、情報提供を行うなどの支援をすることが重要です。
　また、管理監督者にとってもセルフケアは重要であり、事業者はセルフケアの対象として管理監督者も含めましょう。

- ストレスやメンタルヘルスに対する正しい理解
- ストレスチェックなどを活用したストレスへの気付き
- ストレスへの対処

ラインによるケア

- 職場環境等の把握と改善
- 労働者からの相談対応
- 職場復帰における支援、など

事業場内産業保健スタッフ等によるケア

　事業場内産業保健スタッフ等は、セルフケア及びラインによるケアが効果的に実施されるよう、労働者及び管理監督者に対する支援を行うとともに、次に示す心の健康づくり計画の実施に当たり、中心的な役割を担うことになります。

- 具体的なメンタルヘルスケアの実施に関する企画立案
- 個人の健康情報の取扱い
- 事業場外資源とのネットワークの形成やその窓口
- 職場復帰における支援、など

事業場外資源によるケア

- 情報提供や助言を受けるなど、サービスの活用
- ネットワークの形成
- 職場復帰における支援、など

（パンフレット7頁）

アが継続的かつ計画的に行われるようにすることが重要であると解されています（〈図5〉）。

【4つのケア】（実施主体による分類・取組み）

①セルフケア＝労働者自身によるケア・取組み
②ラインによるケア＝管理監督者による部下である労働者に対するケア・取組み
④事業場内産業保健スタッフ等によるケア＝産業医、衛生管理者、保健師、人事労
　　　　　　　　　　　　　　　　　　　　務管理スタッフ等によるケア・取組み
⑤事業場外資源によるケア＝事業場外の機関・専門家（EAP等）によるケア・取組み

（3）　メンタルヘルスケアの具体的な進め方のイメージ

　メンタルヘルスケアに関し、目的による分類・取組みとして「三次の予防」と実施主体による分類・取組みとして「4つのケア」を指摘しましたが、それらが有機的に絡み合い、事業場内の関係者が相互に連携していくことが必要となります。その中でも、「ラインによるケア」、メンタルヘルス不調の早期発見および適切な対応を行う取組みとなる「二次予防」が非常に重要になってくると思います。生涯を通じて5人に1人の割合で心の病気にかかる可能性があるとの現実を踏まえると、どのような対策を講じても、社内の労働者の一定割合にメンタルヘルス不調者が生じることは不可避です。そのような中、メンタルヘルス不調者と一番近い距離で向き合っているのがライン管理職となり、その管理職による気付き、その後の会社を含めた対応ということが重要になってくるものと思います（裁判所も、管理職によるメンタルヘルス不調の気付き、管理職によるケアが重要であると考えているといってよいと思います（11頁〜12頁参照）。病気全般にいえることだと思いますが、早期発見と適切な対処を実施することが適切ということです）。

〈図６〉メンタルヘルス対策の進め方

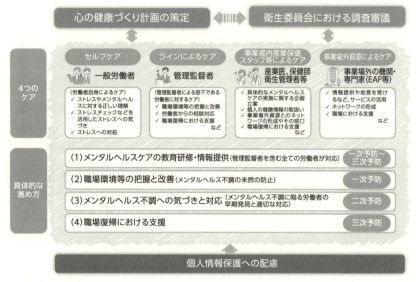

（厚生労働省「テレワークにおけるメンタルヘルス対策のための手引き」[11]6頁）

8　ラインによるケアの初動〜声掛け〜

　「メンタルヘルス不調の未然防止、早期発見および適切な対応、病気であれば適切な治療および療養が必要、ということはわかった。司法判断や行政の指針等でも『ラインによるケア』が重要になってくる、気付きが大切だ、ということもわかった。部下の具体的な行動や様子等について、可能な限り５Ｗ１Ｈ（いつ・どこで・だれが・なにを・なぜ・どのように）についても含めて記録した。その記録等を確認すると、やはり、その部下はメンタルヘルス不調なのではないか、その兆候なのではないか、と感じている……」。
　しかし、管理職としては、その社員に対してどのように声掛けをすればよ

11　〈https://www.mhlw.go.jp/content/000917259.pdf〉。

いか悩む人も多く、非常に難しい問題となっているのではないかと思います。

　前述した東芝（うつ病・解雇）事件（11頁参照）において、最高裁は、労働者（社員）にとって、精神的健康（いわゆるメンタルヘルス）に関する情報は知られたくない情報であると指摘しています。さらに、人から、「あなたは精神疾患に罹患しているかもしれないので、精神科で診てもらってください」と言われた場合に、「わかりました。病院に行ってきます」と回答する人は少なく、逆に、「大丈夫です」、「メンタルヘルス不調ではありません」と否定する人のほうが多いのではないかと思います。このような会話になってしまっては、せっかく管理職が「いつもと違う部下」に気付いたにもかかわらず、適切な対応に導けなくなってしまいます。

　このような相談を受けた場合、筆者は、次のような会話をされてはどうかということを助言しています。

　管理職としては、まず、「ケチな飲み屋のサイン」（〈図3〉）や「『いつもと違う』部下の様子」（〈図4〉）で指摘した部下の具体的な行動や様子を指摘したうえで、いつもと違う様子であること、心配しているので、一度、産業医や専門医（精神科医や心療内科医）に診てもらってはどうかと指摘します。それだけの指摘では終わらせず、「診てもらって何でもないならそれでいい、安心だよね。もし、メンタルヘルス不調になっているようなことであれば、お医者さんの指示に従って早めに療養したり、治療したほうがいい。早期発見・早期治療・療養がいいと思う。今より早い時期はないので、早めに」といった指摘をしてみてはいかがでしょうか、と伝えています。ここでのポイントは、具体的な行動や様子を指摘することです。指摘された本人は気付いていないことが多いものです。このようなやり取りを行って、揉めたようなケースは今までありませんので、参考にしていただければと思います。

　それでも、精神科や心療内科等の病院はちょっと……と抵抗感を示すようであったり、後日、病院に行ってみてどうだったかの確認をしても、病院に行っていないことがわかったような場合には、厚生労働省の「働く人のメン

第1部 メンタルヘルス不調対策の基礎知識

タルヘルス・ポータルサイト こころの耳」[12]を紹介してみるのもよいと思います。「ラインによるケア」から「セルフケア」に移るようになりますが、いろいろと情報が掲載されているほか、社員が無料で相談できる相談窓口の紹介もあり、まずは、その相談窓口で自身の状況を客観的に確認することが可能になり、そのうえで、病院に行く動機付けになることもあると思います。管理職が上記のような言葉をかけてきた意味などもわかるようになるのではないかと思います。ただし、相談窓口は医療行為や医学的な診断をすることはありませんので、最終的には、専門医（精神科医や心療内科医）に診てもらう必要があることには注意が必要ではないかと思います。

9 メンタルヘルス不調の未然防止等に役立つストレスチェックの集団分析

平成26年の労働安全衛生法改正では、常時使用する社員に対して、医師・保健師等による心理的な負担の程度を把握するための検査（ストレスチェック）を実施することが会社（事業者）に義務付けられました（安衛法66条の10。社員数50人未満の事業場については当分の間努力義務）。このストレスチェックは、社員にストレスへの気付きを促すとともに（前述のセルフケア）、ストレスの原因となる職場環境の改善につなげることで、前述の一次予防を図ることを目的としています。検査結果については、直接社員本人に通知され、本人の同意なく会社に提供することなどは禁止されています。また、検査の結果、一定の要件に該当する社員からの申出があった場合、医師による面接指導を実施することが会社（事業者）に義務付けられています。

上記の義務付け以外に、努力義務ではあるものの、注目すべきものとして「ストレスチェックの集団分析」というものがあります（労働安全衛生規則52条の14）。この集団とは、職場環境を共有し、かつ業務内容について一定の

---

12 〈https://kokoro.mhlw.go.jp/〉。

22

9　メンタルヘルス不調の未然防止等に役立つストレスチェックの集団分析

まとまりをもった部や課ということなりますが、検査を行った医師等は、その集団ごとのストレスチェックの集計・分析の結果について、社員個人の同意を得ることなく、会社（事業者）に提供することが可能です（集団が10人未満の場合には例外あり）（〈図7〉）。たとえば、ある部署の社員の一定数に似たような高ストレス傾向がみられた場合、その職場がストレス原因となっている可能性があるのではないかとの分析等を含めて医師等から人事部等の管理部門にその情報が提供され、その管理部門において、当該部署の社員に対して職場の環境に関する面談と称して面談を実施するなどしてストレス原因を特定することに役立つことがあります。筆者も産業医による集団分析の結果、当該部署において上級管理職によるパワーハラスメントの事実が発覚し、早期対応をするのに役立ったことがあります。1つの参考として紹介いたしますが、このストレスチェックの結果の集団ごとの集計・分析およびその結果を踏まえた職場環境の改善についても、一次予防を推進するために役立つ

〈図7〉　ストレスチェック制度の概要

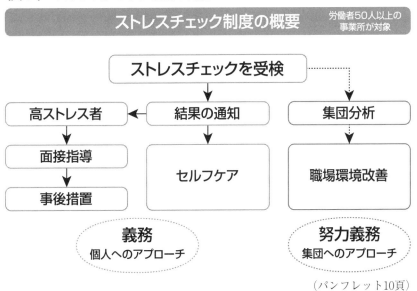

（パンフレット10頁）

23

第1部　メンタルヘルス不調対策の基礎知識

施策であると解されます。

　なお、ストレスチェック制度については、労働安全衛生法66条の10第7項に基づいて「心理的な負担の程度を把握するための検査及び面接指導の実施並びに面接指導結果に基づき事業者が講ずべき措置に関する指針」[13]（平成30年8月22日心理的な負担の程度を把握するための検査等指針公示第3号）が出されており、関連資料としては、厚生労働省策定の「改正労働安全衛生法に基づくストレスチェック制度について」[14]が参考になります。

労働安全衛生規則
（検査結果の集団ごとの分析等）
第52条の14　事業者は、検査を行つた場合は、当該検査を行つた医師等に、当該検査の結果を当該事業場の当該部署に所属する労働者の集団その他の一定規模の集団ごとに集計させ、その結果について分析させるよう努めなければならない。
2　事業者は、前項の分析の結果を勘案し、その必要があると認めるときは、当該集団の労働者の実情を考慮して、当該集団の労働者の心理的な負担を軽減するための適切な措置を講ずるよう努めなければならない。

10　「心の健康問題により休業した労働者の職場復帰支援の手引き」

（1）　メンタルヘルス不調者の職場復帰のための対応

　これまでは、社員のメンタルヘルス不調の早期発見、早期に適切なケアをしていくことが重要である点についての基礎的な知識を紹介してきました。実務上は、メンタルヘルス不調を未然に防止する一次予防、メンタルヘルス不調の早期発見および適切な措置を行う二次予防よりも、社員が病欠、その後休職に入り、一定程度長期の病気療養に入った後の対応に苦慮することが多いのではないかと思います。要するに、休職に入った後、メンタルヘルス不調となった社員の職場復帰の場面と雇用喪失・退職の場面ということにな

---

[13]　〈https://www.mhlw.go.jp/content/11300000/000346613.pdf〉。

[14]　〈https://www.mhlw.go.jp/bunya/roudoukijun/anzeneisei12/pdf/150422-1.pdf〉。

24

ります。

　冒頭 1 で指摘したとおり、社員は「人財」ですので、会社としては復帰して欲しい、その支援を適切に行うことはいうまでもないところではあるものの、休職期間満了の時点までに復帰が困難であるケースも多いのが実状です。その場合には、就業規則等に則って退職（自然退職）や解雇とするケースもあります。これらの問題点は、本書のメインテーマとなってきますので、第 2 部以降の Q&A 等で詳述していきますが、ここでは、行政が公表している資料の中で、人事労務担当者等が確認しておくべき資料を端的に紹介しておきます。

（2）　職場復帰支援

　厚生労働省は、平成16年10月に「心の健康問題により休業した労働者の職場復帰支援の手引き」（最新改正：平成24年 7 月）[15]を策定しています。筆者の拙い経験ではあるものの、各種案件でご一緒させていただいた産業医、精神科医および心療内科医もこの手引きを必ず意識されているように思われましたので、「メンタルヘルス指針」とともに、メンタルヘルス不調者の対応に携わる人事労務担当者必携の資料であると考えています。

　メンタルヘルス不調で病欠や休職している社員が職場復帰するには、復職までの流れが会社および社員双方にとって明確になっていることが重要となります（なお、就業規則で休職や復職の取扱いが明確となっていることに加え、休職に入るときには、最長の休職期間および復職できなかった場合の取扱い、復職の際の諸手続および判断の仕方、休職期間中の賃金および社会保険の取扱い、傷病手当金申請方法、休職期間中の診断書提出および病状の報告・産業医との面談等を説明するための書面を用意しておくことが望まれます）。そのような見地から、上記手引きは、復職にあたって会社が行うべき（行うことを推奨する）内容を総合的に示す形となっていて、「職場復帰支援の流れ」として、〈図

15　〈https://www.mhlw.go.jp/bunya/roudoukijun/anzeneisei12/pdf/120830-1.pdf〉。

第1部　メンタルヘルス不調対策の基礎知識

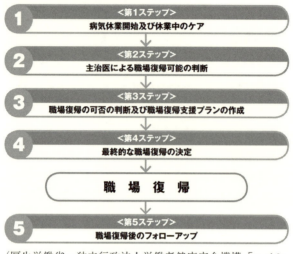

（厚生労働省＝独立行政法人労働者健康安全機構「～メンタルヘルス対策における職場復帰支援～改訂 心の健康問題により休業した労働者の職場復帰支援の手引き」[16]1頁）

8〉の内容を示しています。

　詳細については、第2部以降で詳述していきますが（Q17参照）、ここでの重要なポイントとしては、①医学的な見解を取り付けること、②主治医との連携、③丁寧な対応をとること（Q17および前掲・キヤノンソフト情報システム事件判決（12頁）参照）、ではないかと解されます。

　会社は精神科医ではなく、専門家ではありませんので、復職の可否を判断するにあたっては、医師の医学的な見解を取り付けたうえで判断する必要があります（①）。なお、裁判官も精神疾患については専門家ではありませんので、医学的見解を重視する傾向にあります。また、会社としては、産業医や会社が委嘱した精神科医（嘱託精神科医）の医学的な見解等を基に社員の復職を判断することが多いですが、社員の病気の状態を一番知っているのは

---

16 〈https://www.mhlw.go.jp/content/000561013.pdf〉。

主治医ですので、主治医との連携も欠かせないものとなります（②）。そして、メンタルヘルス不調・精神疾患というのは、非常に身近な病気であって、誰しもが罹患する可能性があること、その健康情報については一般的には会社に知られたくないと思うものであることからも、雇用喪失前提での対応や精神疾患を理由とする欠勤等について直ちに企業秩序違反ととらえることなく、丁寧な対応をとるべきであるということになります（③）。

　なお、産業医は、精神科や心療内科が専門ではないことが多く、特に、復職不可の判断をする場合には、嘱託精神科医等からも医学的な見解を取り付ける必要が生じます。しかし、日本医師会認定産業医の資格を得るには、メンタルヘルス対策の研修の受講が義務付けられており、実務上は、一般的なメンタルヘルス不調者への対応については、精神科が専門ではない産業医が対応されているケースが多いのではないかと思われます。

（根本義尚）

第２部

メンタルヘルス不調対策
Ｑ＆Ａ

第 1 章　休職発令──メンタルヘルス不調者が出たとき

Q1　休職に入るための手続

当社の試用期間中の新入社員と勤続 4 年の社員がそれぞれメンタルヘルス不調を理由に休みがちになりました。当社としては、当該社員らが引き続き勤務をすることは難しいことから休職してもらいたいと考えています。この場合、どのような手続をとればよいのでしょうか。

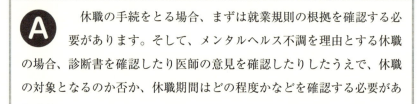

休職の手続をとる場合、まずは就業規則の根拠を確認する必要があります。そして、メンタルヘルス不調を理由とする休職の場合、診断書を確認したり医師の意見を確認したりしたうえで、休職の対象となるのか否か、休職期間はどの程度かなどを確認する必要があります。

1　休職に関する就業規則

（1）はじめに

社員がメンタルヘルス不調を理由とした体調不良により休みがちになった場合、社員が断続的に勤務するよりも、一度きちんと長期の休養をとって体調を元に戻し、そのうえで社員が通常の勤務が可能な状態になってから復職したほうが、会社と当該社員の双方の利益に適います。そこで、このような場合、会社が社員に対して休職を発令することが考えられます。

（2）休職規定の適用の可否について

第 1 に確認すべきことは就業規則における休職規定となります（【書式 1】参照）。そもそも法律の中には休職制度を義務付ける規定はありませんので、就業規則の中に休職規定が存在するのか否か、存在した場合に休職規定の対

象となる事由であるかを確認する必要があります。

　たとえば、就業規則の中に以下のような休職規定があるとします。

（休職）
第○条　社員が、次のいずれかに該当するときは、所定の期間休職を命じることが
　　ある。
（以下略）
　2　前項にかかわらず、試用期間中の者及び勤続1年未満の者には、休職を適用し
　　ない。

　このような規定を前提とすると、試用期間中の新入社員は上記規定の2に
該当するためそもそも休職規定が適用されないことは明白です。これに対し
て、勤続4年目の社員は上記規定の2に該当しないので休職規定を適用する
ことができます。

2　休職発令に至るまでの手続

（1）　社員の主治医の診断内容の確認

　次に、会社の社員に休職規定が適用されるとしても、社員が休職を希望し
たからといって、その希望を受け入れてすぐに休職を発令（【書式2】参照）
しなければならない義務はありません。なぜなら、本当にその社員が休職が
必要な状態であるかについて、何も情報がない段階では会社は適切に判断す
ることができないからです。

　そこで、まずは会社から社員に対して、主治医が作成した診断書の提出を
促すことが考えられます。この診断書には、主治医が診断した傷病名、休職
の必要性、休職見込期間、予想される治癒までの期間などの記載があること
が必要です。このような情報を基にして、会社は社員の休職の必要性を検討
することが可能になります。

（2）　産業医または専門医による診断

　もっとも、社員の主治医に、当該傷病名を判断する際に判断材料となる患

31

第1章　休職発令──メンタルヘルス不調者が出たとき

者の業務遂行状況の理解が乏しいことも少なくありません。

　そこで、会社は必要に応じて、会社の産業医や当該産業医が指定する専門医の受診を受けることを社員に命じる必要が生じます。

　この際、産業医や専門医はこれまでの社員の受診歴、病状に関する情報がありません。そこで、以下のような追加の対応が必要となる場合があります。

産業医や専門医に求められる追加対応

・主治医との面談による診断書の内容の確認
・社員から医療情報開示同意書の提出
・主治医による情報提供

　このように、休職の判断のためにはいろいろな情報を入手する必要があり、社員の協力が必要になることが多いです。そこで、社員が休職の申出をしてきた場合には、頭ごなしに否定したり即座に拒否したりするような対応はせず、社員の気持ちに寄り添いながら、会社と社員が協力して手続を進めること、さらにいえばその素地となる信頼関係を損なわないようにすることが肝要です。

（3）　休職期間の判断

　上記（2）のような手続を経たうえで、会社が社員に休職が必要と判断した場合、次に会社は休職期間を判断する必要があります。休職期間については、たとえば以下のような規定が就業規則にあるものとします。

（休職期間）
第○条　前条に定める休職の期間は以下の期間とする。ただし、必要と認める場合には、会社は休職期間の延長を認めることがある。
　(1)　前条第1項第1号ないし第3号
　　　勤続1年以上3年未満　　3カ月
　　　勤続3年以上5年未満　　6カ月
　　　勤続5年以上　　　　　　1年

　勤続4年の社員が私傷病を理由とする休職となる場合、休職期間は最大で

32

6カ月となります。そして、休職期間を判断するうえで確認すべきことは、主治医または専門医の診断内容です。主治医らがたとえば「3カ月の休職期間を必要とする」と判断した場合、その判断に従って3カ月もしくはリハビリ出社期間を含めて4カ月程度を休職期間とする必要があります。

これに対して、主治医らが「1年間の休職期間を必要とする」と判断した場合はどうでしょうか。この判断は休職規定が定める6カ月を超えることになり、当該社員は6カ月の休職を経たとしても復職できないということになります。そこで、このような場合には、もう一度、主治医や専門医らの意見を確認し、休職期間内での復職ができないことが明らかな場合には解雇することになりますが、慎重な対応が必要です。

3　まとめ

私傷病を理由とする休職を発令する場合、まずは就業規則の中の休職に関する規定（【書式1】参照）を確認し、そもそも当該社員に対する休職規定の適用の可否を確認します。

次に、社員の病状を確認するために主治医の診断書の確認、産業医や専門医による診断などの情報を得たうえで会社が休職発令の必要性を検討します。

そして、社員の休職の必要性が認められる場合に休職期間を検討したうえで、会社は休職命令を社員に発することになります（【書式2】参照）。

会社が恣意的に決めたといわれることのないよう客観性を有する処理が望まれます。

第 1 章　休職発令──メンタルヘルス不調者が出たとき

【書式 1 】　就業規則例（休職規定）

（休職）
第○条　社員が、次のいずれかに該当するときは、所定の期間休職を命じることがある。なお、その休職期間中に復職できないと認めるときは会社は休職を命じないことがある。
(1)　業務外の傷病による欠勤が当初の欠勤開始から暦日で通算して 2 週間以上に及んだ場合、または 2 カ月間の間に14日に及んだ場合。なお、同一または類似の病気の場合、欠勤期間を通算するものとする。
(2)　業務外の傷病によって万全の労務提供が期待できず、回復に相当の期間の療養が必要と認められるとき
(3)　社員が私傷病を理由として休職を申し出た場合
(4)　会社が必要と認めた場合
2　前項にかかわらず、試用期間中の者及び勤続 1 年未満の者には、休職を適用しない。

（休職期間）
第○条　前条に定める休職の期間は以下の期間とする。ただし、必要と認める場合には、会社は休職期間の延長を認めることがある。
(1)　前条第 1 項第 1 号ないし第 3 号
　　　勤続 1 年以上 3 年未満　　3 カ月
　　　勤続 3 年以上 5 年未満　　6 カ月
　　　勤続 5 年以上　　　　　　1 年
(2)　前条第 1 項第 4 号
　　　会社が必要と認めた期間

（休職期間中の取扱い）
第○条　休職期間中の賃金は無給とし、休職期間中は昇給を実施しない。
2　休職期間中の社員の賞与は以下各号を満たした場合に支給対象とする。
(1)　賞与支給算定対象期間に在籍し、同期間中の総所定就業日数の 3 分の 2 以上の出勤日数があった者
(2)　賞与支給日に在籍している者
3　休職期間中の社員は、社会保険料の本人負担分について、対象期間中の毎月、会社が指定する金融機関口座に会社が指定する期日までに振り込みをしなければならない。
4　休職期間は、会社の業務上の都合による場合を除き、前条及び退職金算定における勤続期間に算入しないものとする。ただし、年次有給休暇の付与に関する勤続期間には算入するものとする。
5　業務外の傷病による休職の場合、社員は療養に専念しなければならず、これに反すると会社が判断した場合、休職を打ち切り、休職期間が満了したものとみなしたり、懲戒処分を科すことがある。
6　休職期間中に会社から状況の報告を求められた場合、社員はこれに応じなければならず、社員が正当な理由なく報告に応じなかった場合、会社は休職を打ち切

り、休職期間が満了したものとみなすことがある。

（私傷病休職に関する手続き）

第○条　第○条〔注：休職〕第1項第4号による場合、会社は社員に対して医師（産業医または会社指定医を含む）による健康診断等の受診を勧奨することができるものとする。なお、診断書を取得する場合、原則として社員負担とし、必要に応じて会社が負担するものとする。

2　同条第1項3号による場合、社員は休職の申し出とともに医師による診断書（傷病名、休職の必要性、予想される治癒までの期間）を提出しなければならないものとする。なお、診断書の費用は社員負担とする。

3　会社は同条第1項の休職の要否の判断について、社員から提出された診断書、社員の主治医との面談または産業医などの意見を確認することがある。なお、社員は会社の要請に基づき、必要な協力（主治医との面談の同意、医療情報開示同意書の提出、関係者との面会など）を行うものとする。

4　同条の規定にかかわらず、休職期間を超えて長期の療養を要することが明らかと会社が判断する場合、社員が前項の協力に応じない場合、及び、これらに準じる場合、会社は休職を命じないことがある。

（復職）

第○条　休職中の者が復職を希望する場合、所定の様式により所属長を経て会社に復職願を提出しなければならない。

2　業務外の傷病により休職中の者が復職を希望する場合、復職を可とする医師の診断書を添えて前項の復職願を提出しなければならない。会社が指定する医師の受診を求めることがある。

3　休職期間中に休職事由が消滅した社員について、会社は原則として休職前の旧職務に復帰させる。ただし、会社が当該社員を旧職務に復帰させることが困難または不適当と認める場合、職務や就業場所を変更することがある。

4　前項に基づき、職務や就業場所を変更する場合、または当該者社員の心身の状態等から業務及び責任の軽減、労働時間の短縮などの措置を取る場合、会社は当該社員を配転または降格し、それに基づき異動または給与の変更措置を行うことがある。

5　復職後1年以内に、復職前の休職事由と同一または類似の事由により欠勤する場合、直ちに休職を発令することができ、休職期間は過去の休職期間を通算する。

6　休職期間が満了しても復職できないときは、休職期間満了の日をもって退職とする。

（退職）

第○条　社員が次の各号の一に該当するに至ったときは、それぞれ定められた日に自然退職したものとする。

(1)　死亡したとき　　死亡した日

(2)　休職期間が満了しても復職できないとき　　休職期間満了の日

(3)　行方不明になり1カ月以上連絡が取れないとき　　1カ月を経過した日

(4)　定年に達したとき　　（略）

第1章　休職発令——メンタルヘルス不調者が出たとき

【書式2】 休職発令書

休 職 発 令 書

　貴殿は、令和○年○月○日から同年○月○日までの間、業務外の傷病により欠勤しました。これは当社就業規則第○条第○項第○号に定める休職事由に該当します。
　したがいまして、当社は以下のとおり貴殿に対して休職を発令致します。

1　休職期間　　令和○年○月○日から同年○月○日まで
2　賃金　　不支給。
　　　なお、傷病手当金につきましては、○○部（担当○○）まで確認をお願致します。
3　本人自己負担分の健康保険料等の支払いについて
　　　毎月　振込金額　　○○○○円
　　　（内訳：健康保険料○○円、厚生年金保険料○○円、住民税○○円）
　　　振込先　　○○銀行○○支店　普通 No. ○○○○
　　　　　　　口座名義人○○○○
4　復職について
　復職を申し出る際は、休職期間満了日より○週間前までに、貴殿の主治医師の診断書を提出してください。その上で、当社は、貴殿に対して必要に応じて当社が指定する医師の受診（診断書の提出も含む）を求めることがあります。
　なお、休職期間満了日に復職できないときは就業規則第○条○第○項に基づき自然退職となります。
5　その他
・休職期間中は療養に専念してください。
・休職期間中においても当社の就業規則が適用されますので、当社（及び当社に関係する取引先などの第三者も含む）の機密情報等が外部に流出するようなことがないよう十分に注意してください。
・その他不明点の連絡先　　○○部　担当○○までいつでもご連絡ください。

　末筆となりますが、貴殿の病状の回復を祈念しております。

　　　　　　　　　　　　　　　　　　　　　　　　　　　　　　　　　以上

Q1 休職に入るための手続

【書式３】 休業・復職のしおり

休業・復職のしおり

　本書面は、当社の社員が私傷病で休職するに際し、休業中の注意点や復職する際に向けた手順を記載したものです。お時間があるときによく目を通してください。なお、ご不明な点については、当社人事部までお問い合わせください。

１　休職に向けた手続き
(1)　診断書の提出について
　　まず、休職を検討した時点で、医師の診察を受けて、診断書を作成してもらってください（なお、診断書作成の費用は自己負担となっています。）。診断書には、病名、休職の必要性、予想される治癒までの期間の内容を記載していただくようお願いします。
(2)　産業医等の診察について
　　次に、必要に応じて、当社の産業医（もしくは会社が指定する医師）を受診して頂いたり、当社（もしくは産業医など）からあなたの主治医に対してあなたの診療に関する情報提供を求めることがあります。その際には、医療情報開示同意書の提出が必要となりますのでご協力をお願い致します。
(3)　社会保険料について
　　みなさんの社会保険料の本人負担分について、通常は給与から天引きをして処理をしています。しかし、休職期間中は天引きができませんので、別途お支払い頂く必要があります。当社から、必要金額、支払期限、支払口座をご連絡致しますので、期限までにお忘れなくお支払いください。なお、休職期間中の賃金は支給されませんが、健康保険から傷病手当金が受給できる場合がありますので、ご不明な点は当社人事部までご確認ください。
２　休職中
(1)　休職期間中においては、まずは体調回復、病気治療に専念をしてください。
(2)　私傷病、特にメンタルヘルスの不調による休職の場合、あなたが考えているよりも療養期間が長くなることもあります。安易な自己判断はせず、主治医や産業医と良く相談し、決して無理をしないようにしてください。また、服薬についても、自己判断で勝手に服薬を中断したりせず、医師の服薬指示を守ってください。
(3)　あなたの上司や人事部からあなたに対して、毎月１回程度あるいは必要に応じ、現状の確認、職場復帰に関するお考えなどを聞くために連絡をすることがあります。当社から連絡（メールまたは電話）があった場合にはご返答をお願いします。また、健康面や安全配慮の見地から、当社からあなたのご家族や近親者に連絡を取る場合もあります。原則として、あなたに事前に確認の上で連

37

第1章　休職発令——メンタルヘルス不調者が出たとき

絡をとるようにしますが、当社があなたに確認をすることが難しいときなどは、例外的にあなたのご家族らにあなたの事前の許可なく連絡を取ることがありますので、その点はご了承ください。

(4) 休職発令時に指定された休職期間が、あなたが当社において取得できる休職期間の上限より短い場合、休職期間を延長することができます。あなたの病状に応じて、休職期間の延長をご希望されるときは、主治医らと十分に相談の上で、毎月の連絡時もしくは休職期間が満了になる2週間前には当社までその旨をご連絡ください。

3　復職に向けた手続き

(1) まず、あなたが復職を希望されたとしても、すぐに職場に復帰できるものではないことにご留意ください。長期間職場を離れた後は、当社の所定労働時間を職場で過ごすことが難しいこともあります。また、焦りから無理して出社することで、回復中であった健康を大きく損ねることもあります。そこで、復職を希望されるときは、まずは当社にそのご意向をご連絡ください。

(2) 復職を希望される際、当社は、原則として主治医の診断書の提出をお願いしています。その際には主治医に依頼して診断書を取得し、当社の指定した期限までに提出をしてください（なお、復職のために提出する診断書作成費用は自己負担となります。）。また、主治医が、復職に向けて何等かの条件を課したり、注意点がある場合には、その診断書に記載してもらうようにしてください。

(3) あなたの復職の意思、及び、主治医の診断書を前提として、当社はあなたの復職可能性の有無、程度を検討します。なお、この段階で、当社の産業医や専門医への受診を依頼することがあります。

(4) 必要に応じて試し出勤を実施して、復職可能な健康状態かを確認することがあります。試し出勤については、次の4にまとめています。

(5) 復職の可否は、あなたの健康状態、担当予定の業務内容、試し出勤を行う場合におけるその結果、産業医の意見などを総合考慮して当社が判断致します。

4　試し出勤

(1) 復職にむけて、必要に応じて試し出勤を行うことがあります。期間や内容は、復職希望の際に、当社とあなたで協議した上で、当社が定めるものとします。

(2) 試し出勤として考えられる内容は以下のようなものがあります。

・短時間の出社から短時間の在社、所定労働時間までの在社

・週2〜3日から5日の出社

・当社内での読書

・当社内での軽作業の従事

　　長期間の療養後にすぐにフルタイムで働くことはあなたが考えている以上にあなたに負担を掛けます。無理をして再度の休職になってしまわないよう、まずは出社できること、短時間から時間を増やして在社できること、さらには作業を行うことなど段階的に職場復帰に向けた準備を行いましょう。

(3) 試し出勤は復職ではなく休職扱いとなり、休職期間に含まれます。よって、

復職を希望される際には、試し出勤の形で通勤再開の可能性を視野に入れつつ、休職期間の延長も選択肢にいれて慎重に判断することが重要です。

(4) 試し出勤は当社での勤務ではありませんので、交通費の支給や賃金の支払いはありません。ただし、軽作業に従事した場合などはその内容に応じた賃金が発生する場合があります。また、労災保険の適用外となりますので、移動の際には事故等に十分にご注意ください。当日、臨時に予定を変更することも想定していますので、決して無理をしないようにしてください。

5 復職時

(1) 復職後の職務については、原則として、あなたが休職前に担当していた職場、職務内容に復職することが多いです。しかしながら、あなたの要望、回復状況、産業医の意見などに基づき、当社が必要と判断した場合は、休職前の職務内容とは異なる職務や労働条件で復職する可能性があります。

(2) 復職に際して、会社は産業医、職場の上司、及びあなたとの面談の結果を考慮して、復職時期、職場、必要な就業上の配慮を決定します。

以上が休職開始時から復職に至るまでの注意点となります。ご不明な点については、当社人事部までご確認ください。

以上

(萩原大吾)

第1章　休職発令──メンタルヘルス不調者が出たとき

Q2　本人がメンタルヘルスの不調を申告してこない場合、あるいは会社の指示に従わないとき

　当社に休みがちな社員がいます。周囲の社員らは、当該社員のメンタルヘルスの不調を疑っています。また、当該社員は、先月の出勤日の半分程度を欠勤していますが、本人から当社に対する説明などは何もありません。当社は、このような社員に対してはどのように接すればよいのでしょうか。

A　メンタルヘルス不調が疑われる社員がいる場合、当該社員に対して、医師の受診や産業医との面談を促し、本人に自身の健康状況を自覚させることが重要です。そして、会社は、必要に応じて休職を発令する必要があります。また、当該社員が会社の指示に従わない場合、必要に応じて懲戒処分を科すという対応を検討する必要があります。

1　社員の状況確認

（1）職場に与える影響

　昨今、メンタルヘルスの不調による社員がいることは珍しいことではありません。しかし、客観的なケガ等を伴う病状の場合と異なり、自身のメンタルヘルスの不調を自覚することは時としてかなり難しいといえます。社員本人は「ただ疲れているだけ」と考えている場合でも、周りの社員からすると「週の半分は欠勤している」、「出勤をした際に話しかけても虚ろな状況」というようなこともあります。社員が、このような状態の中で就労しても、当該社員が本来発揮していた能力の半分にも満たないということもありますし、他の社員に仕事のしわ寄せがいくなど、社員全体の士気の低下という職場への悪影響が発生することもあります。

40

Q2　本人がメンタルヘルスの不調を申告してこない場合、あるいは会社の指示に従わないとき

そこで、会社としてはこのようなメンタルヘルスの不調が疑われる社員がいる場合には、当該社員と早めに面談の場をもって、自身の状況を自覚させることが、社員本人および会社の状況を好転させることにつながります。

（２）　医師による診断

まず、考えられる対応としては、社員に対して、医師の診断を受けるよう強く促すことが挙げられます。専門の医師の診察を受けることで、本人が自己の状況を客観的に認識することができます。また既往歴がある社員の場合には、主治医の判断はさらに説得力をもつでしょう。心療内科への受診のハードルが高ければ、いつも行くかかりつけ医でも、まずは構いません。かかりつけ医が精神面での不調を疑えば、心療内科等の専門医への受診を促してくれることが期待できます。

次に、当該社員が医師の診断を積極的に望まない場合、会社の産業医と面談することを促すことが考えられます。この場合には、会社は事前に当該社員の出勤時間、労働時間、問題事象、懸念点などの情報をまとめて産業医に情報提供をします。そして、産業医が社員と面談をして、社員のメンタルヘルスに不調がある可能性を伝えてくれることで、本人が自身の状況を自覚してくれることが期待できます。

（３）　休職発令

上記（１）、（２）の対応を前提としたうえで、社員が自分の状況を認識して、体調を回復させるために休職を求めるのであれば、会社は休職規定に従った手続を経て、当該社員に休職を発令することになります。社員の体調が回復すれば所定の手続を経て復職となり、回復しないまま休職期間が満了ということになれば、原則として退職という処理となります。

2　社員が指示に従わない場合の対応

（１）　医師の受診を拒否する場合

会社が社員に対して、医師の診察や産業医への面談を促したにもかかわら

第1章　休職発令──メンタルヘルス不調者が出たとき

ず社員が受診等を拒否した場合、就業規則に明示の規定がある場合を除き、会社としてはその受診を命令することは困難です。

　しかし、社員がそのパフォーマンスの低下により日々の業務に支障が出ている状況でありながら、医師の診断等すら拒否しているということであれば、勤怠不良、あるいは低いパフォーマンスしか発揮できないことを捉えて、普通解雇の可否を検討することになります。普通解雇までいかない場合であっても、服務規律違反として懲戒処分、あるいは会社に課せられる安全配慮義務の観点から、就業可能な状態ではないと判断し就業禁止を命じることを検討することになります。

（2）　休職を拒否した場合

　医師の診断書等を踏まえて、会社がその社員に対して休職が必要と判断したとしても、当該社員が自身のメンタルヘルスの不調を軽視し、または失職の懸念から、休職に入ることを拒否することがあります。このような場合、まずは主治医や産業医などの専門家の力を借りて本人を説得する方法をとることが考えられます。しかしながら、本人の意思が固く、専門家の意見に耳を傾むけず出社を強行することもないことではありません。診断書が出ている以上、会社の安易な対応は大きなリスクを招きますし、本人の体調を考えると休職が望ましいのは間違いありませんので、会社と本人が話合いをして、もう一度休職を勧めることで本人に翻意を促すのが相当です。

　しかし、それでも本人が休職を拒否するのであれば、会社として休職命令を発しないという判断になるでしょう。ただし、本人が休職をしないのであれば、当該社員の会社に対する労務提供は不完全なものとなるので、最終的に普通解雇を検討せざるを得ません。そのような場合には、会社と当該社員とのやりとりを、後日紛争化した際に裁判所に提出できるよう証拠化しておくことが肝要です。

　従業員にしても、体調不良にもかかわらず失業への懸念から無理をして出勤し、解雇により職を失うのでは本末転倒ですので、早い段階で普通解雇の

42

可能性を示唆して、社員本人に体調回復に向けた対応をとらせることが肝要です。それが会社の解雇無効のリスクの回避にもつながります。

3　まとめ

　以上のとおり、社員のメンタルヘルスの不調が疑われるのであれば、まずは医師や産業医などの専門家の力を借りて、社員本人に症状を自覚させることが第一歩となります。そのうえで社員が症状を自覚するのであれば体調回復に向けて休職の手続をとることになるでしょう。これに対して、社員が症状を自覚しなかった場合や会社の対応に従わない場合には、懲戒処分などの手続をとったり、最終的に普通解雇の可能性を示唆したりして、もう一度、体調回復に向けた対応をとることが必要となります。いずれの場合であっても、従業員とのやりとりをできる限り書面化し、将来、万一紛争になった際に、会社の十分かつ誠実な対応を裁判官に理解してもらえるように準備をすることが決定的に重要です。水掛け論になったら会社はとても弱い立場に立たされますので、十分注意をしてください。

（萩原大吾）

第1章　休職発令──メンタルヘルス不調者が出たとき

Q3　診断書費用は誰が負担すべきか

　当社の社員が体調不良を理由に休職をしたいと言ってきました。しかし、診断書の提出がないため、病名やどの程度の期間の休職が必要であるかなどが全くわかりません。そこで、当社が社員に対して、診断書の提出を求めることは可能でしょうか。また、その際の診断書費用は当社が負担すべきでしょうか、社員が負担すべきでしょうか。

> **A**　会社は、社員に対して、診断書の提出を求めることができます。診断書の提出費用については、就業規則に規定がある場合にはその規定に従います。就業規則に規定がない場合には、主治医の診断書については社員本人負担を原則とし、追加的に診断書が必要となる場合には会社が負担することが望ましいといえます。就業規則で規定を設けておくことで無用な争いの回避に役立ちます。

1　診断書の提出の必要性

　社員が体調不良を訴えてきた場合、当該社員が有給休暇を保有しているのであれば、まずは有給休暇の使用を勧めて、様子をみることが考えられます。有給休暇の取得は社員の自由ですので、有給休暇を取得している分には特に問題はありません。多くの社員は、有給休暇期間中に医師の診断を受け、適切な対応をとることになると思います。

　しかしながら、有給休暇が終了しても体調不良が治らない場合や、社員が医師の診断を受けていない場合もあるでしょう。そして、そのような状況で社員が会社に対して休養目的で長期の休職を求めてきた場合、会社としては、他の社員との公平確保の点からも、安全配慮義務の履行の点からも、社員の客観的な状況を確認する必要があります。診断書は、会社が行うすべての判

44

断の出発点であり、必要不可欠といえます。

2 診断書の提出と就業規則

（1） 診断書の提出命令——就業規則に規定がある場合

それでは会社は社員に対して、診断書の提出を命令することができるのでしょうか。就業規則に診断書の提出を命じることができる規定がある場合、会社はその規定に基づき、社員に対して診断書の提出を命令することができます。会社は必要に応じて社員に診断書の提出を命令することで、専門医の診断を受けたうえでのタイムリーな判断、的確な労務管理が可能となります。

（2） 診断書の提出命令——就業規則に規定がない場合

これに対して、就業規則上の根拠がない場合、会社は社員に対して、診断書の提出を義務付けることができるのでしょうか。この点に関しては、そもそも会社は社員に対して、就業規則上の根拠なくして、健康に問題がある状況が疑われる場合に、医療機関を受診することを求めることができるのかという点が問題になります。

この点については、電電公社帯広電報電話局事件（最一小判昭61・3・13労判470号6頁）は、「被上告人〔社員：筆者注〕には、公社との間の労働契約上、健康回復に努める義務があるのみならず、右健康回復に関する健康管理従事者の指示に従う義務があり、したがって、公社が被上告人の右疾病の治癒回復のため……総合精密検診を受けるようにとの指示をした場合、……労働契約上右の指示に従う義務を負っている」と判断しています。したがって、一般論として会社は社員に対して医師への診断を求めることはできるといえます。

そして、診断書の提出については、会社が社員に医師への受診を求められても、会社がその診断内容を把握できないと受診の意味がありませんので、医師の診断を受ける義務があることの論理的帰結として、会社は社員に対して、診断書の提出を求めることができると解することになります。もっとも、

45

第1章 休職発令──メンタルヘルス不調者が出たとき

前提として就業規則に根拠がない状況であるので、粘り強く丁寧な説得、およびそれを記録化しておくことが重要であることはいうまでもありません。

なお、体調不良の社員について、新入社員であることなどから有給休暇が未発生である、またはすでに使い切ってしまっている場合には、原則としては欠勤処理のうえで、医療機関への受診をさせるのが筋ですが、欠勤をめぐって診断書の提出が遅れた場合の安全配慮義務履行上のリスクを考えれば、特別な休暇を与えて、一刻も早い診断書の確保を優先するべきです。

3　診断書の提出に伴う費用負担

（1）　就業規則に規定がある場合

まず、就業規則に診断書の提出時の費用負担に関する規定があるのであればその規定に従うことになります。メンタルヘルス上の問題を抱えている社員がかなりの数に上るという現在の社会的状況を踏まえると、前項で述べた使用者の受診命令権および被用者の診断書の提出義務とともに、費用についても自己負担とすることを就業規則に規定しておくことは極めて有用といえます。

（2）　就業規則に規定がない場合

これに対して、就業規則に診断書の費用負担に関する規定がない場合、どのように対応すればよいのでしょうか。まず、本件のような場合において、会社が社員に対して、主治医への受診、および、診断書の提出を要請する場合、労務提供を円滑に行ううえで問題が起きているといえます。この場合には、社員が自身の労務提供能力を証明する必要がある場面であるといえ、雇用契約をしている条理上の効果として、社員に診断書の費用負担をさせることが可能と考えます。

それでは、主治医の診断書に追加する形で会社が社員に産業医や他の専門医への受診、および、診断書の提出を依頼した場合はどうでしょうか。

厳密に考えれば、この場合においても、主治医の診断書の内容に疑義があ

46

る、または確認が必要な事項があるということであるので、労務提供能力を証明する必要性の存在に変りはないと考えて、社員の負担とすることは不可能ではないものの、診断書作成費用も個人にとっては相応の金額となることから、この場合には、一度社員が自己負担で診断書を提出した以上、一応社員自身の法的義務を果たしたと考えることも可能ですので、その後の診断書などの費用は会社負担とすることも合理性があると考えられます。なお、安全配慮義務履行上のリスクについて迅速に対応することを優先し、最初から診断書については使用者負担とすることも十分合理性に適うとも思います。ただし、社員ごとの個別対応は望ましくなく、一貫した対応が適切です。

4　まとめ

　以上のとおり、会社は社員に対して、診断書の提出を求めることは可能ですので、社員の就労状態に不安がある場合には、速やかに社員と面談の場をもち、医師の受診を勧めることが望ましいです。そして、診断書の提出費用については、就業規則に規定がある場合にはその規定に従います。就業規則に規定がない場合には、主治医の診断書については社員本人負担を原則とし、追加的に診断書が必要となる場合には会社が負担することが望ましいといえるでしょう。

（萩原大吾）

第 1 章 休職発令──メンタルヘルス不調者が出たとき

Q4 主治医の診断に疑問があるときの対応

当社の社員が欠勤がちとなり、また出社しても周りの社員からすると集中力がなく、トイレに頻繁に行っているような状況です。当社からすると、社員は労務が提供できる状態にはないと考えられます。しかしながら、社員は主治医の診断書をもって労務提供が可能と言っています。このような場合、主治医の診断書に疑問があるとして、社員に産業医との面談を命じることはできるのでしょうか。また、産業医が休業を必要と判断した場合、社員に休職を命じることはできるのでしょうか。

Ⓐ 主治医の診断に疑問がある場合、会社は社員に対して産業医などへの受診を命じる必要があります。また、主治医は労務提供可能と判断したとしてもその判断に疑問があるのであれば、産業医の休業が必要という診断を前提として、会社が社員に休職を命令できる場合があります。

1 主治医の診断に疑義がある場合の対応

（1） 診断内容に疑問がある場合

社員が労務提供をできる状態になくても、社員は自身の健康状態に気付かず、また、気付きながらも失業への懸念から、会社に対して無理をして労務を提供し続けることがあります。このような状況では周りの社員に大きな迷惑がかかり、職場全体の生産性にも悪影響が及びます。そこで、会社としては社員に健康状態を確認することが肝要ですが、このような状況でも、社員が主治医の診断書を盾にして労務提供が可能と主張することがあります。医療機関を受診した際の状況と、就業時間中の状況に大きな差異があるためか、会社として、提出された診断書の内容に強い疑問を抱く場合があることもな

48

いわけではありません。

そこで、会社としてはこのような診断内容に疑義がある主治医の診断書をどこまで信頼しなければならないのか、という疑問が生じます。

（2） 裁判例

この点については、コンチネンタル・オートモーティブ事件（東京高判平29・11・15労判1196号63頁）の判断が参考になります。当該事件の地裁判決（横浜地判平29・6・6労判1196号68頁）は、「自宅療養を必要とする旨の本件診断１の内容が記載された診断書を提出して傷病休職を申し出て、これに対し被告〔会社：筆者注〕が休職期間満了により退職となる旨を通告したところ、本件診断１からわずか18日後に通常勤務が可能である旨の本件診断２を受けている。このような短期間でいったんなされた診断結果が変わっている上、その内容も自宅療養を必要とするというものから、制限勤務ですらなく通常勤務可能という内容が180度転換した内容になっていることに照らすと、この本件診断２の診断結果については、その経緯及び内容からして疑問が残るといわざるを得ない」という事実認定および判断をしており、当該事件の控訴審である東京高裁もその判断を維持しています。

この裁判例からすると、主治医の診断書に疑問がある場合には、その診断書を直ちに前提とするのではなく、会社は社員に対して、産業医や専門医への受診を命じるべきといえます。

2　産業医が社員の休業の必要性を肯定した場合

（1） 休職命令の可否

社員が会社の産業医への受診命令に従ったところ、産業医が社員の休業の必要性を肯定した場合、会社は社員に休職を命じることができるでしょうか。

（2） 裁判例

この点については、ワコール事件（大阪地判平30・3・28（平成28年(ワ)第8303号））が参考となります。当該事件において、裁判所は、会社の産業医

第 1 章　休職発令——メンタルヘルス不調者が出たとき

が「原告について統合失調症の疑いがある」旨判断し、「上記判断は、その当時において合理的なものであったと認められる。このように、本件休業命令の当時、原告について統合失調症の疑いがある旨の本件意見書には合理性が認められ、原告について現に業務パフォーマンスが明らかに低下し、業務に支障が生じていたことに照らすと、被告が、原告について『精神系の疾病のために就業する事が不適当な者』に該当する旨判断したことは合理的」と判断しています。

　以上のことからすると、産業医が休職の必要性を肯定した場合、当該社員が自己の労務提供能力を争ったとしても、会社の判断で就業規則の規定に従ったうえで休職命令を発することは可能と考えられます。

3　まとめ

　社員が、自己の主張の正当性を支えるための資料として主治医の診断書を利用することは実務上しばしば見られます。しかし、主治医が当該社員の業務の内容を踏まえて診断をしているとは限りませんし、むしろ十分な理解があるほうが少ないでしょう。逆に、患者である社員から誤った前提事実を説明されているかもしれません。仮にそのような前提の下で、主治医による診断書が作成された場合、会社が診断書の内容に疑問をもつことは当然といえます。そのような場合に、会社は社員に対して、会社や当該社員の業務の状況を理解している産業医などへの受診を命じるということが対策として考えられるのです。

　また、主治医が労務提供が可能と判断したとしても、その判断に合理的な疑問があるのであれば、個別の事情によりますが、会社が指示した産業医の休業が必要という診断に基づき、会社が社員に休職を命令できる場合があります。いずれにしても一度は医師の診断が出ているわけですから、慎重かつ粘り強い対応が肝となります。

（萩原大吾）

Q4　主治医の診断に疑問があるときの対応

コラム①　**主治医は患者のいいなり？**

　以前、久しぶりに会った友人が心療内科を開業していると知り、一緒に食事をした際に、少しいじわるな質問をしてみたことがあります。それは、心療内科の開業医は、お客さんである患者さんのいいなりに診断書を書いているのではないか、というものです。私のこの質問に、彼は少し考えてから次のように話をしてくれました。

　——そういう医師がいないとは限らないが、大部分の心療内科医は真摯かつ誠実に対応していると思う。ただ、患者さんの話を疑ってばかりでは患者さんと信頼関係を築くことができないし、信頼関係が築けなければ治療自体ができない。それに、少なくとも自分に限っていえば、患者さんの状況とかの説明に対して、良いとか悪いとか、そういう判断、評価をなるべくしないようにしている。それに、法律家と違って、話の証拠を求めることもないし、そもそも関係者の話を聞く機会も普通はない。そうすると、結果的に、会社からみると、患者さんのいいなりに診断書を書いていると見えるかもしれない。別にお客さんだから、どうこうというのは少なくとも自分や自分の周りの医師はないと思う。患者さんの同意を得て、会社の人が一緒に来てくれるなどすれば、客観的に患者さんのためになるようなことを考えていく気持ちはあるよ——ということでした。

　ただ、患者さんから、「復職不可と書かれると、会社をクビになってしまいます」と言われるとさすがにプレッシャーはかかるとも教えてくれました。会社としては、主治医を飛び越して産業医のみと密にコミュニケーションをとりがちですが、機会があれば、主治医とじっくり話をしてみることも有用そうです。

（萩原大吾）

51

第1章 休職発令——メンタルヘルス不調者が出たとき

Q5 休職事由の選択

　当社は建設業を営んでいますが、現在、労務提供が困難と考えられる社員が2名います。まず、建設現場監督が家族旅行中に交通事故に遭い、足を複雑骨折して全治5カ月という診断を得ました。また、内勤社員が精神面の不調で2カ月ほど欠勤している状況で、診断書の提出もなく、上司から社員への連絡も取れたり、取れなかったりといった状態です。当社がこの両名に対して、休職を発令することは可能でしょうか。その場合にどのような休職事由を選択すべきでしょうか。

　就業規則に定める休職規定の内容によるところ、上記建設現場監督については健康状態が業務に従事することが不適当という旨の休職規定の適用が考えられます。また、上記内勤社員については、私傷病を理由とする欠勤2カ月以上の社員が対象となる休職規定の適用が考えられます。

1　休職事由の設定

（1）休職事由

　労働基準法や労働契約法には休職に関する規定はありませんので、法律上、休職制度を設けることは義務付けられておらず、休職制度の内容は会社の判断で自由に決めることができます。そのため、会社がどのような休職事由を設けるのかという点も会社が自由に決定することができます。ただし、いったん就業規則において休職制度を定めると、それは労働契約の一部となり、会社の意思決定を拘束する点に注意が必要です（労働契約法7条）。

（2）休職規定

　そして、休職規定を就業規則に設ける場合、一般的に下記のような私傷病

52

に関する休職事由がみられます。

> **（休職）**
> **第○条**　社員が、次のいずれかに該当するときは、所定の期間休職を命じることが
> ある。なお、その休職期間中に復職できないと認めるときは会社は休職を命じな
> いことがある。
> ⑴　業務外の傷病による欠勤が当初の欠勤開始から暦日で通算して２週間以上に
> 　　及んだ場合、または２カ月間の間に14日に及んだ場合。なお、同一または類似
> 　　の病気の場合、欠勤期間を通算するものとする。
> ⑵　業務外の傷病によって万全の労務提供が期待できず、回復に相当の期間の療
> 　　養が必要と認められるとき
> ⑶　従業員が私傷病を理由として休職を申し出た場合
> ⑷　会社が必要と認めた場合

　上記規定⑵や⑶は、⑴と異なり、２週間等の明確な欠勤期間の経過を待た
ずに休職を命じる規定です。これは疾病の内容によっては疾病により２週間
という欠勤期間内では復帰の見込みがないことが明白な事案もあるからです。

（３）　欠勤期間を定めた場合

　これに対して、上記規定⑴は私傷病による欠勤が当初の欠勤開始から暦日
で通算して２週間以上、または２カ月間の間に14日という明確な線引きがあ
る規定であり、規定上は欠勤が２週間または２カ月の間に14日に及んで初め
て会社は休職を命じることができます。

　私傷病休職、特にメンタルヘルスの不調を理由とする休職について、社員
から療養や休職を要するという主治医の診断書が提出されれば、社員が休職
を希望するタイミングがわかります。しかしながら、社員がメンタルヘルス
の不調により突然出社できなくなり、会社とコンタクトをとることが難しい
状況になることも想定されます。このような状況では、休職を命じる開始時
点を明確にしづらいという問題があります。そこで、「欠勤開始から暦日で
通算して２週間以上」という起算点と終点を設けることで、会社は出社が困
難になった社員に休職を命じることが可能になります。

　なお、この「欠勤開始から暦日で通算して２週間以上」という規定の注意

53

第1章　休職発令──メンタルヘルス不調者が出たとき

点としては社員が1日でも出社をすると欠勤期間が中断してしまうという点があります。そこで、「2カ月間の間に14日に及んだ場合」と定めたり、別の例としては、「上記期間は1カ月につき5日以内の出勤はその日数を中断しない」という規定も設けて、社員が数日出社したとしても欠勤期間のカウントを継続できるようにすることが重要となります。このような規定により、期限ぎりぎりに飛び石的に出勤してくる社員に対して対応しやすくなります。

2　休職事由の適用

（1）　全治5カ月の診断を受けた社員

まず、複雑骨折した全治5カ月の建設現場監督についてですが、現場監督という業務の内容から判断すると、骨折した状況で業務にあたることは不可能または事実上業務遂行が大きく制限されると考えられます。そして、全治5カ月という点からすると、前記規定(1)の欠勤2週間または14日という期間内に復帰の見込みがないことが明白ですので、前記規定(2)を適用することで会社が休職を命じることができると解します。

（2）　精神面の不調で2カ月ほど欠勤している社員

次に、精神面の不調で2カ月ほど欠勤している内勤社員については、診断書の提出がないため業務に従事することができるか明確な資料がありません。しかしながら、すでに欠勤2カ月が経過している状況で、また出社していた当時の状態が精神面の不調をうかがわせるものであったという事情があるのであれば、前記規定(1)の「欠勤が当初の欠勤開始から暦日で通算して2週間以上に及んだ場合、または2カ月間の間に14日に及んだ場合」に該当し、会社は休職を命じることができます。なお、後日の紛争を避けるために、出社していた際の精神面の不調をうかがわせる状況をできるだけ証拠化しておくべきです。また、可能であれば、面談をし、会社の見解、規定を説明し、確認書等を取得しておけばなお安全です。

3　まとめ

　以上のとおり、休職を命じる場合、個々の事案に応じた休職事由を検討し、適用する必要があります。なるべく社員に規定等の説明を試み、それを証拠化しておくことが後日の紛争に大きく役立ちます。

（萩原大吾）

コラム②　　**休職事由の欠勤と年次有給休暇の取得**

　欠勤が続き、休職の発令を検討していたところ、年次有給休暇の請求がされ、休職事由を欠くのではないかとの疑義を生じることがあります。たとえば、労働者が10日欠勤し、あと数日欠勤したら「欠勤が当初の欠勤開始から暦日で通算して２週間以上に及んだ場合」との休職事由や「２カ月間の間に14日に及んだ場合」との休職事由に該当するので、休職を発令することを検討していたところ、40日の年次有給休暇の請求がされると、いずれの休職事由にも該当しなくなり、休職を発令しにくくなります。

　このような問題を解消する方法として、次のようなものが考えられます。

　まず、欠勤に入る前に有休を取得することを推奨することは考えられます。もっとも、労働者からすれば、より重要な場面に有休を残しておきたいと考えて有休を取得しないことも考えられ、使用者としても早期に休職を発令するために有休ではなく欠勤として処理したいと考えることもあります。

　次に、年次有給休暇の申請前に休職を発令すれば、休職により労働義務が免除され、年次有給休暇を申請することはできなくなります。その後、休職期間が満了し、労働者が退職となった場合に、有休残日数の買取りを求められることがあります。使用者にはこれに応じる義務はありませんが、紛争の回避や解決のため、有休残日数の買取りに応じることは有効です。この点についてはQ44や【書式23】退職合意書もご参照ください。（村田浩一）

55

第1章 休職発令——メンタルヘルス不調者が出たとき

Q6 休職期間の終期をどう定めるべきか

　当社の就業規則には、「当社の従業員が次の各号の一に該当するに至ったときは、下記事由の認定日に解雇する」という規定があり、その1つとして「第○条に定める休職期間が満了した時点で休職事由が消滅しないとき」があります。先日、この規定により退職となった社員から、「解雇予告手当が必要なのではないか」という指摘がありましたが本当でしょうか。

　　　　休職期間の満了による退職については、就業規則の規定の仕方により「解雇」となる場合と「退職」となる場合があります。そして、休職期間の満了時に「解雇」するという規定の場合、解雇予告手当を支払うか解雇30日前に解雇予告をする必要があります（労働基準法20条）。

1　休職期間満了時の取扱い

（1）　就業規則の規定例

　まず、労働基準法や労働契約法には休職制度に関する規定はありませんので、法律上、休職制度の内容は会社の判断で自由に決めることができます。したがって、休職期間満了時の取扱いについても、会社が就業規則によって決定することができます。具体的には、①休職期間満了解雇、②休職期間満了退職の2つがあります。

（2）　休職期間満了解雇

　たとえば、就業規則の解雇に関する規定において、以下のような規定があるとします。

56

> **（解雇）**
> **第○条** 社員が次の各号の一に該当するに至ったときは解雇する。
> （1） 休職期間が満了しても復職できないとき

　上記のように解雇事由の1つとして休職期間満了が列挙してある場合を①休職期間満了解雇といいます。

　この休職事由で休職期間が満了した場合、会社は、社員を「解雇」することになります。解雇という一方的意思表示により労働契約を終了させるという点では、懲戒解雇、普通解雇と同じです。解雇はあくまで法律上の「意思表示」ですので、会社が社員に対して解雇の意思表示をして初めて労働契約が終了することになります（その解雇の意思表示の有効性の問題が別途ありますが、ここでは触れません）。すなわち、社員の休職期間が満了した時点で、会社は社員に解雇通知をし、「解雇」の意思表示を行うことが必要になります。

　休職期間満了が理由であるとはいえ、解雇である以上は、一般の解雇に係る規制が適用されます。労働基準法20条は解雇時に解雇予告手当の支払い、もしくは、30日前の解雇予告をすることを義務付けていますので、会社はこの休職期間満了解雇の際にも解雇予告手当の支払い、もしくは、30日前の解雇予告をする必要があります。

（3） 休職期間満了退職

　これに対して、就業規則の退職に関する規定において、以下のような規定があるとします。

> **（退職）**
> **第○条** 社員が次の各号の一に該当するに至ったときは、それぞれ定められた日に自然退職したものとする。
> （1） （略）
> （2） 休職期間が満了しても復職できないとき　　休職期間満了の日
> （3）及び(4) （略）

第1章　休職発令——メンタルヘルス不調者が出たとき

上記のように退職事由の1つとして休職期間満了が挙げられる場合を②休職期間満了退職といいます。

この休職期間満了退職の場合、解雇することは要件ではなく、解雇の意思表示は不要となり、休職期間が満了した時点で社員は自動的に退職することになります（そのため、「自然退職」と表現されることがあります）。

なお、休職期間の満了という事象から労働契約が自動的に終了するという結論を導くことについては、解雇の場合に合理的理由や社会的な相当性を要求されることとの均衡を欠くのではないかということが問題になりえますが、エールフランス事件（東京地判昭59・1・27労判423号23頁）は、自然退職規定について、休職機関満了後にもあらためて解雇することが迂遠であることを理由に合理性について認めています。

（4）　両者の違い

①休職期間満了解雇の場合、会社による解雇の意思表示が必要であり、また解雇予告手当の支払い、もしくは、30日前の解雇予告が必要となります。

これに対して、②休職期間満了退職の場合、解雇の意思表示を要せず直接的に雇用契約の終了という結果が生じますので、解雇に適用される規制がかからず、解雇予告手当等は不要となります。

以上のことからすると、手続面では②休職期間満了退職のほうがやや負担が軽いと考えられますし、①休職期間満了解雇の場合、社員が「解雇」というワードに反応しやすく、インターネットなどには解雇を争うことを勧める情報も多数あることから、紛争になるリスクは比較的高いといえ、リスクを極力下げるという観点からは②休職期間満了退職のほうが望ましいといえます。

もっとも、前述のエールフランス事件判決は、自動退職規定の適用にあたり、「解雇権の行使を実質的により容易ならしめる結果を招来することのないよう慎重に考慮しなければならない」とも判示していますので、自然退職型の文言を採用したことで雇用契約終了という結論を直ちに導けることには

58

ならないことに注意が必要です。法的には、②休職期間満了退職の規定を採用した場合も、法的紛争になった場合には、解雇の有効性の主張、立証と同様の厳しいハードルを越える必要がありますので、両者は程度の差といっても過言ではありません。

2 まとめ

会社の休職期間満了時の取扱いが「解雇」となっている場合には、社員の休職期間満了時には会社が社員を解雇することになるので、解雇予告手当を支払うか、30日前の解雇予告を行う必要があります。また、この場合、解雇の意思表示が必要となり手続および事実上のリスクが増えることになります。このことからすれば、休職期間満了退職の規定のほうが意思表示の手続を省いたり、解雇予告手当の支払いをしなくてよいというメリットがあるかと思います。

（萩原大吾）

第1章　休職発令──メンタルヘルス不調者が出たとき

Q7　新入社員が体調不良となった場合の対応

　当社に新卒入社した新入社員が5月のゴールデンウィーク明けから欠勤し、6月中旬現在に至るまで欠勤をし続けています。当社としては、新入社員の体調が心配ですし、またこの先当社で勤務をし続けることができるのかについても疑問が生じています。本件のような場合、当社としてはどのような対応をとるのがよいのでしょうか。

> **A**　まずは新入社員とコンタクトをとり、本人の希望を確認することが肝要です。もし、新入社員とコンタクトをとるのが難しいのであれば、必要に応じて家族や身元保証人などにコンタクトをとりましょう。そのうえで、欠勤が続いているので、最終的に自主退職の勧奨、本採用拒否、または普通解雇などの措置を視野にいれた話合いを続けることが考えられます。

1　新入社員が体調不良となった場合の初期対応

（1）　新入社員へのコンタクト

　新入社員は、一般的に4月に入社して、新しい環境、新しい人間関係、学生時とは異なり毎日8時間以上にわたり労働を提供する、という心身に負荷がかかる状況に身をおくことになります。その結果、昔から5月病という言葉があるようにゴールデンウィーク明けに心身の不調を理由として出勤が困難になることは少なくありません。

　まず、新入社員が毎日欠勤の連絡をしてくるようであればよいのですが、欠勤初日のみ連絡がきただけでその後の連絡がないという状況であれば、欠勤開始の翌週には会社から新入社員に対してコンタクトをとり、新入社員の状況を把握する必要があります。まずは早めに電話をし、電話に出ないよう

60

であればメール等で早期の連絡の確保が必要です。

そして、新入社員とコンタクトがとれた段階で、状況に応じて主治医への受診を勧める、産業医との面談を勧める、欠勤を続け体調回復に努める、などの提案をし、新入社員に過度なプレッシャーをかけないよう留意しつつも労務管理上必要な対応を進めます。

（2） 家族へのコンタクト

仮に会社から新入社員に連絡をし、新入社員と電話で話すことができたり、メールでの返信が適宜送られてきたりするのであれば、家族へコンタクトをとる必要性は低いと考えられます。

しかしながら、新入社員の状況によっては会社からの連絡を一切拒否するという可能性も否定できません。そのような状況になっているのであれば、新入社員の心身の状態が好ましくないといえますので、新入社員の家族あるいは身元保証人へ連絡をするのが望ましいといえます。

（3） 社内チェック

新入社員の欠勤が数日で出勤が再開されれば、引き続き注意をしていく程度の対応になるでしょうが、欠勤が1週間以上続くようであれば、会社としては新入社員の心身に問題がある状況が長期化し、関連した法的リスクが高まったと判断するべきです。今後、新入社員や家族から、本人の不調について会社に何らかの責任があるなどの指摘がなされるおそれがあります。そこで、入社時から欠勤開始時までの〔表3〕の事項について念のため確認をしておくとよいでしょう。

〔表3〕 入社時から欠勤開始時までの確認事項

労働時間	長時間の時間外労働時間の有無、不規則、早朝、夜間の労働時間の有無、休憩取得状況
研修時の状況	欠勤、早退の有無、課題の提出状況
人間関係	新入社員同士の関係、上司との関係、上司によるハラスメントの有無
職場や業務内容	本人が希望していた職場、業務内容か否か

第1章 休職発令——メンタルヘルス不調者が出たとき

2 今後の対応について

（1） 新入社員が退職を希望する場合

　新入社員が長期の欠勤に至った場合、本人の希望と現実の労働内容などに乖離があったこと、すなわちミスマッチが想定されます。そのため、新入社員が退職を希望するのであれば、新しい職場を社外で探し出すのが本人にとっても好ましいと考えられます。そこで、自主退職ということで退職届の提出を受け、労働契約が終了することになります。なお、会社は、退職者に対して退職届を受理した通知を必ず交付してください。

（2） 新入社員が雇用継続を希望する場合

　この場合、新入社員がミスマッチに気が付いていない可能性がある、もしくは、ミスマッチに気が付きつつも、退職に不安があって雇用継続を希望していると思われます。しかしながら、入社してすぐに欠勤をしたのであれば、そのような状況で雇用関係を継続するのは新入社員の心身や将来のキャリア、および、会社の人的資源の活用の観点から双方に好ましくない状況が発生するおそれが高いです。そこで、新入社員と話をして、雇用継続は難しいのではないかという点を説明し、自己都合退職を勧奨するというのがまずとりうる手段となります。

　また、新入社員が退職を拒否した場合、本採用拒否または普通解雇を検討せざるを得ませんが、以下の点に注意が必要です。

（A） 試用期間の有無、その期間

　試用期間中であれば、試用期間満了時での本採用拒否をすることになります。会社として丁寧に対応、検討したという実績を残すために、必要に応じて試用期間を延長することも一案です（ただし、就業規則に延長を可能とする根拠がある場合に限ります）。使用期間を延長をして本採用するレベルに至らない場合には、やむを得ず本採用拒否として処理することになりますが、その場合でも、本採用拒否は、必ず試用期間満了前に行ってください。

62

（B） 休職規定の適用の有無

休職規定が入社後1カ月の社員にも適用される規定の場合、新入社員に休職規定を適用する必要があります。その場合、試用期間が経過するまで放置をして、本採用拒否と形式的に対応するのではなく、適宜、面談を行い、自己都合退職という形で処理することが後日の紛争を防止します。

3　まとめ

新しい環境に身をおく新入社員に心身の不調が発生する可能性があることは否定できないところです。このような状況で新入社員が会社と雇用関係を継続しても、誰のメリットになりません。そこで、まずは本人の体調回復を念頭におきつつ本人の希望を聞き、本人が欠勤を続けているにもかかわらず雇用継続を希望するのであれば会社としても、本採用拒否を念頭に退職を勧奨することを検討する必要があります。

（萩原大吾）

第 1 章　休職発令──メンタルヘルス不調者が出たとき

Q8　配偶者、家族などからの連絡対応

　当社の社員がメンタルヘルスの不調で欠勤が続いているところ、当該社員の配偶者から当社に対して、出勤状況の確認の連絡がありました。この問い合わせに対して、当社がメンタルヘルスの不調を話してもよいのでしょうか。社員が休職中だった場合、問い合わせが家族や婚約者などによる場合、対応は異なるのでしょうか。

> **A**　配偶者や家族ら（以下、「配偶者など」といいます）から社員に関する出勤状況や病状に関する問い合わせがあった場合、まずは社員本人に確認をとり、本人が自ら説明することを促し、余程の合理的な必要性がない限り、会社は必要最小限の回答をするのが望ましいといえます。また、病状自体については特に慎重な対応が必須といえます。

1　配偶者などからの社員の出勤状況に関する質問への対応

（1）　配偶者などからの問い合わせ

　メンタルヘルスの不調を原因として社員が欠勤している場合、通常はその社員は欠勤し、自宅で療養しているでしょうから、会社は社員自身が配偶者などに自己の状況を説明していると認識するのが相当です。

　ところが、社員の配偶者などから会社宛てに社員の出勤状況を確認する連絡が入ることがあります。このような問い合わせがあるくらいですから、メンタルヘルスに罹患した社員は、配偶者などに自己の状況を説明していないわけです。

　配偶者などから問い合わせを受けた会社は、当該社員が何か悪いことをしているわけではないので、親切心もあってつい安易に状況を説明してしまい

64

がちです。しかし、メンタルヘルス不調は何が病状悪化につながるか判断しづらい疾病ですので、会社が配偶者などに病気で休業中であるなどと端的に伝えてしまうと、社員の心理的なストレスが増大し、メンタルヘルスの不調に悪影響を及ぼす可能性が十分に考えられます。

（２） 慎重な対応の模索

そこでまず考えられる対応としては、電話を受けた社員はその場で即答せず、「総務部などに確認をいたします」と言い、一度、電話を終了したうえで、本人と連絡をとります。配偶者などから電話があった旨を伝えて、自分から説明をしたほうがよいのではないか、ただ、希望があれば会社から休業制度があり直ちに失職のおそれがあるわけではないことも含めて説明することも可能であることなどと話をし、本人に一番ストレスが少なく配偶者などが現状を理解する方法を模索することが必要です。

会社が本人に対していろいろな提案をしても、本人が「黙っていて欲しい」というのであれば、会社としては、原則として配偶者などに出勤状況の詳細を説明することは避けるべきと考えます。ただ、その場合でも、会社としては虚偽の回答をすることはできませんので、本人に対しては、問い合わせがあった以上、配偶者などに対して何らかの回答をする必要があること、ただし、本人の意思に反する対応はしないこと、よって、本人の意向で回答できないこと自体を配偶者などに伝えることになる旨を説明することになるでしょう。

ただし、突き放して終わりでは会社にも本人にもプラスになることはないと思いますので、会社に対して問い合わせをしてきた家族以外の家族に対する連絡、状況説明の余地を確認するなど、できる限り本人が家庭でも孤立しないようにする配慮は行いたいところです。また、次項の病状についての説明要求に対する対応とも重なりますが、初回の問い合わせなのか、２回目以降なのか、本人の病状の深刻度を踏まえて慎重な対応が求められます。

第1章　休職発令──メンタルヘルス不調者が出たとき

2　配偶者などからの社員の病状に関する質問への対応

（1）　要配慮個人情報との関係

　上記1からさらに踏み込み、配偶者などから社員の病状自体に関する質問があった場合、さらに慎重に対応する必要があります。なぜなら、病状は、個人情報保護法2条3項の「要配慮個人情報」に該当すると考えられるからです。そして、同法27条1項は「個人情報取扱事業者は、次に掲げる場合を除くほか、あらかじめ本人の同意を得ないで、個人データを第三者に提供してはならない」と規定しています。したがって、社員本人の同意なく病状について第三者である配偶者などに回答をすることは、よかれと思ってしたことでも同法違反として糾弾されるリスクがあります。

（2）　本人の同意が原則

　それでは、メンタルヘルスの不調で社員が欠勤をしている場合、例外なく会社は配偶者などに社員の病状を回答できないのでしょうか。個人情報保護法27条1項はその各号において例外的に第三者に個人データを第三者に提供できる場合を列挙しており、その2号は「人の生命、身体又は財産の保護のために必要である場合であって、本人の同意を得ることが困難であるとき」と規定しています。そこで、同号を利用して、必要な場合に配偶者などに病状を回答することができる場合もあります。ただし、同号は例外的な規定ですので、安易に同号を利用すべきではありません。

　そこで、まず会社は当該社員に連絡をとって同意を得る努力をしたうえで、それでも同意を得ることが困難な場合で、配偶者などの協力を得なければ社員のメンタルヘルスの不調が悪化して自殺のおそれがあるなどの必要性が高い場合に限り、配偶者などに病状自体を説明することが可能となると考えます。会社としては非常に手間がかかり、また、どこまで社員の家族の問題にかかわるべきか迷うところですが、仮に自殺事案になってしまった場合の法的リスク、風評リスクに鑑みれば、慎重に対応しておくことが後日の憂いの

66

回避につながります。

3 まとめ

　配偶者などから社員に関する出勤状況や病状に関する問い合わせがあった場合、その時点で社員本人が配偶者などに現状を説明していないことが想定されます。そこで、そのような状況を前提としたうえで、社員本人の病状を悪化させないために会社としては社員に確認をとったうえで、必要最小限の回答にとどめるのが望ましいです。また、病状については個人情報保護法違反にならないように、原則として病状の回答を拒否しつつ、社員本人に自殺のおそれがある場合など必要な場合に限りその病状を回答するなど慎重な対応が必要です。

（萩原大吾）

第1章　休職発令──メンタルヘルス不調者が出たとき

Q9　懲戒処分を行おうとした者から診断書、休職の申出があった場合の対応

　当社にはメンタルヘルスが不調気味な社員がおり、たびたび欠勤をしていました。この度、当該社員が1週間の無断欠勤をしたことから、就業規則に従い、けん責の懲戒処分を予定していたところ、当該社員から「うつ病により2カ月の休養を要する」という内容の診断書の提出、休職の申出がありました。この場合に当社は予定どおり、けん責の懲戒処分を行うことができるのでしょうか。また、仮に無断欠勤が1カ月以上の場合、懲戒解雇をすることはできるのでしょうか。

A　1週間の無断欠勤後にけん責の懲戒処分をすることは可能ですが、企業秩序維持の見地から懲戒処分の必要性をもう一度検討し、懲戒処分をしない、あるいは処分時期を復職するまで待つという判断をする必要も考えられます。また、1カ月以上の無断欠勤があった場合でも、当該社員がメンタルヘルスの不調を患っているのであれば、休職などの対応を経ずに懲戒解雇をするとその解雇処分は無効となるおそれがあります。

1　懲戒処分の意義

　懲戒処分は、規律違反や秩序違反を犯した社員に対する制裁という意義、および、企業内の秩序維持という意義の2つの側面があります。すなわち、企業が存立し、事業を円滑に運営していくためには、企業内の秩序が保たれることが不可欠といえ、その秩序を維持確保するために必要な諸事項を規則として定めることができると認められています（富士重工業事件（最三小判昭52・12・13判時873号12頁））。

68

Q9 懲戒処分を行おうとした者から診断書、休職の申出があった場合の対応

そして、社員に秩序違反の行為があった場合、会社は当該行為者に対して規則に定めるところに従って、制裁としての懲戒処分を行うことができます。（国労札幌支部事件（最三小判昭54・10・30判時944号３頁））。

したがって、社員が無断欠勤をした場合、懲戒処分の懲戒事由として「無断欠勤」が規定されているのであれば、その無断欠勤は懲戒処分の対象となると考えられます。

2　無断欠勤が１週間の場合

（１）　メンタルヘルス不調等が原因の場合

上記１のとおり、無断欠勤は懲戒処分の対象となるものと考えられますが、その原因がメンタルヘルスの不調等の疾病にあると考えられる場合、懲戒処分を実施すべきかは十分な検討が必要です。なぜなら、懲戒処分の意義は社員に対する制裁や企業の秩序維持にあるところ、懲戒処分によってその意義を達成できない、もしくはその意味が薄いのであれば懲戒処分をする必要性がないと考えられるからです。すなわち、当該問題行為が発生した原因、経緯、情状などを考慮することが望ましいといえます。

（２）　本件の場合

本件の場合、形式的にみると無断欠勤をしているので、就業規則上はけん責の懲戒処分は可能と考えられます。

しかしながら、無断欠勤の原因はメンタルヘルスの不調を理由とする可能性があります。そして、社員本人はメンタルヘルスの不調を自覚しており、その結果として主治医の受診を受け、自ら「うつ病により休養２カ月を要する」という診断書を持参し、休職を求めています。また、メンタルヘルスが不調の社員に対して、懲戒処分というストレスがかかる対応をするとメンタルヘルスがさらに悪化するおそれがあります。このような状況を総合的に鑑みると、けん責という懲戒処分によって得られるものはあまり大きくなく、むしろ社員本人の病状を悪化させるという不利益が生じるおそれがあります。

69

第1章　休職発令──メンタルヘルス不調者が出たとき

　以上のことからすると、本件の場合はけん責の懲戒処分はせず、口頭での注意にとどめる、または復職まで懲戒処分の言い渡しを延期し、当面は社員の要望どおりに休職の手続をとることが望ましい対応といえます。

3　無断欠勤が1カ月以上の場合

（1）　メンタルヘルス不調を会社が知り得た場合

　上記2と異なり、社員が無断欠勤を1カ月以上した場合、就業規則の懲戒規定に従い、懲戒解雇をすることは可能と考えられるところではあります。

　しかしながら、この社員がメンタルヘルスに不調があり、そのことを会社が知り得たのであれば事情が異なってきます。なぜなら、メンタルヘルスの不調を原因として社員が正常な判断ができない可能性があるのであれば、会社はそれを考慮する必要があると判旨した判例もあるからです。

（2）　判　例

　被害妄想など何らかのメンタルヘルスに不調があった社員が、有給休暇をすべて取得した後、約40日間にわたり欠勤を続けたため会社が諭旨退職の懲戒処分をした日本ヒューレット・パッカード事件（最二小判平24・4・27判時2159号142頁）において、最高裁は当該懲戒処分を無効と判断しました。この事件で裁判所は社員が欠勤した理由として、「約3年間にわたり加害者集団から……日常生活を子細に監視され、これらにより蓄積された情報を共有する加害者集団から職場の同僚らを通じて自己に関する情報のほのめかし等の嫌がらせを受けているとの認識を有しており……上告人〔会社：筆者注〕に休職を認めるよう求めたものの認められず……上記の被害に係る問題が解決されたと判断できない限り出勤しない旨をあらかじめ上告人に伝えた」と認定しました。そのうえで、最高裁は、「このような精神的な不調のために欠勤を続けていると認められる労働者に対しては、精神的な不調が解消されない限り引き続き出勤しないことが予想されるところである」として、会社に対して精神科医による健康診断を実施するなどしたうえで、その診断結果に

70

応じて、必要な場合は治療を勧めたうえで休職等の処分を検討し、その後の経過を見るべき、と指摘しています。

（3） 本件の場合

上記（2）の判例を前提とすると、本件の場合、長期欠勤している事実はあるものの、やはり本人が診断書を持ってきて休職を希望している事実を考慮して、就業規則に基づく休職などの対応を検討する必要があると考えられます。仮に、メンタルヘルスに不調がある社員が長期の欠勤後に診断書の提出がなかったにおいても、主治医などへの受診を促し、その病状を把握したうえで、その後の対応を検討するのが望ましいところです。

4　まとめ

懲戒処分は会社の秩序維持のために必要不可欠な処分であることは間違いありません。しかしながら、懲戒処分を受けた社員にとっては精神的に負荷がかかるおそれがあるものであり、メンタルヘルスに不調がある社員に対してはなおさらその懲戒処分の必要性を考慮したうえで、懲戒処分を実施するか検討する必要があります。

（萩原大吾）

第 1 章 休職発令――メンタルヘルス不調者が出たとき

Q10 有期契約社員が休職に入った場合の対応

　当社の有期雇用の契約社員（契約期間 1 年、2 回更新済み）がうつ病という診断書を提出してきました。当社は就業規則に従い、当該社員の契約満了日が 3 カ月後でしたので休職期間を 3 カ月、無給として当該社員に休職命令を発しました。なお、他の無期雇用の社員の休職期間は 6 カ月、有給となっています。当社のこの休職命令に問題は生じるでしょうか。

　　　本件において、有期雇用の契約社員の休職期間を無期雇用の社員の休職期間より短く設定すること自体は問題ないと考えられます。これに対して、無期雇用の社員の休職が有給にもかかわらず、有期雇用の契約社員の休職は無給とするのは、パートタイム・有期雇用労働法 8 条に違反すると考えられます。

1　いわゆる同一労働同一賃金と休職制度の関係

（1）不合理な待遇の禁止

　まず、パートタイム・有期雇用労働法 8 条は以下のとおり定め、無期雇用フルタイム労働者と有期雇用労働者、パートタイム労働者との間に不合理な待遇差を設けることを禁止しています。単に業務の内容だけでなく、責任の程度、人材活用の仕組み、その他の事情を踏まえて不合理性を判断し、また、賃金以外の待遇も対象とされており、休職制度の適用、期間、賃金も相違も同条の問題となります。

> パートタイム・有期雇用労働法
> （不合理な待遇の禁止）
> 第 8 条　業主は、その雇用する短時間・有期雇用労働者の基本給、賞与その他の待遇のそれぞれについて、当該待遇に対応する通常の労働者の待遇との間において、

当該短時間・有期雇用労働者及び通常の労働者の業務の内容及び当該業務に伴う責任の程度（以下「職務の内容」という。）、当該職務の内容及び配置の変更の範囲その他の事情のうち、当該待遇の性質及び当該待遇を行う目的に照らして適切と認められるものを考慮して、不合理と認められる相違を設けてはならない。

（2）判　例

　日本郵便（東京）事件（最一小判令2・10・15判時2494号70頁。なお、同事件では、改正前の労働契約法20条が適用されているところ、これは現在のパートタイム・有期雇用労働法8条に相当します）では、勤続10年以上の正社員には90日または180日までの有給の病気休暇を付与し、勤続10年未満の正社員には90日以内の有給の病気休暇を付与しているのに対し、時給制契約社員には10日の無給の病気休暇を認めるにとどまるという事案において、日数の相違は不合理とは判断されていませんが、有給・無給の相違は不合理と判断されています。すなわち、最高裁は、不合理性の判断について、「両者の賃金の総額を比較することのみによるのではなく、当該賃金項目の趣旨を個別に考慮すべきものと解するのが相当である」と指摘したうえで、病気休暇の目的が「正社員に対して有給の病気休暇が与えられているのは、上記正社員が長期にわたり継続して勤務することが期待されることから、その生活保障を図り、私傷病の療養に専念させることを通じて、その継続的な雇用を確保する」点にあり、「継続的な勤務が見込まれる労働者に私傷病による有給の病気休暇を与えるものとすることは、使用者の経営判断として尊重し得る」と判示しました。もっとも、この趣旨は「相応に継続的な勤務が見込まれる」時給制契約社員についても妥当すると判示し、「私傷病による病気休暇の日数につき相違を設けることはともかく、これを有給とするか無給とするかにつき労働条件の相違があることは、不合理であると評価することができる」と判断しています。

　また、裁判所は、日本郵便（大阪）事件（大阪高判平31・1・24労判1197号5頁〔病気休暇については上告不受理で確定〕）、日本郵便（休職）事件（東京高

第1章　休職発令──メンタルヘルス不調者が出たとき

判平30・10・25労経速2386号3頁〔上告不受理で確定〕）、正社員は私傷病により欠勤した場合6カ月は賃金が全額支給され、その後も勤続期間に応じて1年6カ月から3年の休職期間中は2割の休職給が支給されるがアルバイトにはこれが支給されない事案に関する大阪医科薬科大学事件（最判令2・10・13判時2490号67頁②事件）においても同様の判断をしていると理解できます。

（3）　同一労働同一賃金ガイドライン

短時間・有期雇用労働者及び派遣労働者に対する不合理な待遇の禁止等に関する指針（平成30年12月29日）（以下、「同一労働同一賃金ガイドライン」といいます）において、休職については以下の記載があります。

病気休職

　短時間労働者（有期雇用労働者である場合を除く。）には、通常の労働者と同一の病気休職の取得を認めなければならない。また、有期雇用労働者にも、労働契約が終了するまでの期間を踏まえて、病気休職の取得を認めなければならない。
（問題とならない例）
　A社においては、労働契約の期間が1年である有期雇用労働者であるXについて、病気休職の期間は労働契約の期間が終了する日までとしている。

2　有期雇用労働者の休職制度、期間

休職の目的を、勤続の長い者に対して解雇を猶予すると考えると（前掲・日本郵便（東京）事件最高裁判決も、「正社員が長期にわたり継続して勤務することが期待されることから、その生活保障を図り、私傷病の療養に専念させることを通じて、その継続的な雇用を確保する目的」と解しています）、勤続の長い短時間・有期雇用労働者に私傷病休職を認めないことの説明が難しくなります。また、同一労働同一賃金ガイドラインを前提にすると、有期雇用労働者に対しても休職の規定の適用を認める必要がありますが、その期間については有期雇用と無期雇用の労働者で差異を設けることは可能と考えられます。

したがって、上記ガイドラインのとおり、有期雇用の契約社員の休職期間を契約期間終了までと設定することは同ガイドラインに違反しないものとい

えますし、むしろ適切と考えます。規定例は【書式4】のとおりです。

3　同一労働同一賃金と休職期間の賃金

　上記各裁判例の判断からすると、無期雇用労働者と有期雇用労働者が同じような業務を担当し、無期雇用労働者の休職を有給としているのであれば、有期雇用労働者のみ無給とすることはパートタイム・有期雇用労働法8条の不合理な待遇に該当する可能性が高いと考えられます。

4　まとめ

　有期雇用の契約社員の労働条件をどのように設定するかは難しいところでありますが、休職については契約期間が決まっていることを前提として休職期間をその契約期間の終了日と同じに設定することは可能と考えられます。

　これに対して、有期雇用の契約社員が無期雇用の正社員と同じような業務を担当し、無期雇用労働者の休職を有給としているのであれば、休職期間の賃金は有期雇用の契約社員にも正社員と同様に支払うことが必要と考えられます。

【書式4】就業規則例（休職規定〈契約社員〉）

（休職）
第○条　契約社員が、次のいずれかに該当するときは、契約期間満了までの範囲で、所定の期間休職を命じることがある。なお、その休職期間中に復職できないと認めるときは会社は休職を命じないことがある。
　(1)　業務外の傷病による欠勤が当初の欠勤開始から暦日で通算して2週間以上に及んだ場合、または2カ月間の間に14日に及んだ場合。なお、同一または類似の病気の場合、欠勤期間を通算するものとする。
　(2)　業務外の傷病によって万全の労務提供が期待できず、回復に相当の期間の療養が必要と認められるとき
　(3)　契約社員が私傷病を理由として休職を申し出た場合
　(4)　会社が必要と認めた場合
（以下略）

（萩原大吾）

第 1 章　休職発令——メンタルヘルス不調者が出たとき

Q11 **休職に入る際の会社の備品やイントラネットへのアクセスの取扱い**

　当社の R&D 部（研究開発部門）の課長級の社員がうつ病を患い、6 カ月の休職に入ります。当該社員は R&D におり、当社の新商品開発にかかわる比較的重要な秘密にアクセス可能です。このような社員が休職に入る前に、会社が貸与したパソコンや携帯電話を回収したり、イントラネット（内部ネットワーク）へのアクセスを制限したりすることは可能でしょうか。

A　企業秘密を保持する見地から、会社貸与のパソコンや携帯電話を回収することはやむを得ないところです。イントラネットへのアクセスを一切禁止するのではなく、会社の一般情報や自身の労働条件などへのアクセス権限を残しているのであれば業務内容へのアクセスを制限することは十分可能と考えられます。

1　休職時の取扱い——会社の備品

（1）　基本的対応

　会社が社員にパソコンや携帯電話を貸与することはよく見られますが、社員が休職する場合に、社員に対して会社貸与品の返却を求める必要があるでしょうか。会社貸与品のパソコンや携帯電話には業務上の機密や個人情報が保存されているのが通常ですが、特に休職期間中は、セキュリティのアップデートも行われないことも少なくありません。ウイルス感染などで会社の機密、個人情報をインターネット上に流出させてしまうなどの事態、そこまでいかなくても長期使用しないことで紛失等があれば、会社は大きな損害を被ります。また、社員にとっても、手元に会社貸与品があると、業務メールを確認して対応してしまうなど、療養に専念することを阻害する可能性があります。よって、

76

会社は社員が休職開始時に会社貸与品を回収するのが望ましいといえます。

（2） 留意事項

ここで注意点としては、何の説明もなく回収すると、社員によっては「会社が会社貸与品を取り上げて、退職させようとしている」と不安に思うことも多いようです。そこで、会社が貸与品を回収する際には、「療養に専念して欲しいために貸与品を回収するのであり、復職時にはもう一度パソコン等を貸与する」ということを丁寧に説明することが重要です。就業規則に「社員は休職命令が発令されたら速やかに会社貸与物を返還するものとする」という趣旨の規定があれば、個人の状況いかんとは無関係に、規定どおりに回収するだけであるという説明ができ、スムーズに進められます。

2　休職時の取扱い──イントラネット、メールアドレスへのアクセス

イントラネットへのアクセスについても会社貸与品の場合と同様、情報流出の防止、療養に専念させるなどの理由で、社員の利用を制限する必要があります。しかしながら、社員のイントラネットやメールアドレスへのアクセスをすべて禁止してしまうと、傷病手当金の申請や、各種申請などの場合に不都合が生じますし、病状についての連絡、復職についての連絡をする際にも困ります。

そこで、会社は、イントラネットについては社員が一般的な情報、自己に関する情報、就業規則や各種の書類のみにしかアクセスできないとするアクセス制限をすることが望ましいところです。

また、メールアドレスについても、アクセス自体は許可するものの、療養を阻害することのないよう休職中の社員のメールには自動応答の設定をする、発信メールについては、上長等に自動転送をする設定等の対応が望ましいと思われます。

（萩原大吾）

第2章　休職中の問題

第2章　休職中の問題

Q12　休職中に提出させるべき書類とその頻度

　休職期間中に社員（休職者）から会社に提出させるべき書類はどのような
ものがあるのでしょうか。また、会社は、休職者にはどのような頻度で連絡
すればよいでしょうか。スムーズな復職に資するような対応などを含めて教
えてください。

> **A**　有効期限が切れない形で診断書を提出させるとともに、1カ
> 月に1回など、定期的な連絡を取っておくべきです。また、復
> 職の準備段階では生活記録表を提出させるようにすることでスムーズな
> 復職につなげられます。

1　診断書および傷病手当金支給申請書の提出

　会社は、社員から主治医作成の「本日から令和〇年〇月〇日まで就労不可、
自宅療養を要する」といった診断書の提出を受け、休職を命じることが一般
的です。この期限を超えて引続き療養のために休職が必要である場合には、
社員（休職者）に期限が設定された診断書を提出させる必要があります。し
かし、休職当初に提出された診断書以降、復職する段階で「復職可能」の診
断書の提出を受けるまで、一切提出させていないケースが意外と多いように
思います。「休職」は、社員が労働契約上の債務の本旨に従った労務の提供
が不能な場合に、会社として、労働契約を維持しつつ、労務の提供を免除す
る解雇猶予措置です。そのため、休む根拠、理由を明確にしてもらい、それ
を会社も把握しておく必要があります。しかし、社員（休職者）としては、
診断書作成料を自己負担したくないことから、提出を渋ることがありますの

78

で、就業規則に診断書提出を義務付ける規定を設けておくことをお勧めいたします。

　なお、時折、社員（休職者）から、傷病手当金支給申請書には医師が記載して証明する欄があることから、診断書に代えて欲しいと要望されることがありますが、同申請書はあくまでも休んだことに関しての医師の記載であって、いつまで療養のために休職が必要かについての診断書とは異なりますので、別物として、提出を求めるべきものとなります。

2　定期的な連絡を取る必要性

　会社は、社員（休職者）から有効期限が切れない形で診断書の提出を受け、１カ月に一度の傷病手当金支給申請書の提出を受けますので、その際に、一定のやり取りをすることが可能です。これに際してなど１カ月に１回程度の頻度で、または、通院するたびに、病状、通院および服薬状況の確認、主治医からどのようなことを言われているかの確認を行い、さらには、日中何をしているかなどの他愛もない会話・やり取りで構わないので、コミュニケーションをとるべきです。できれば、書面やメールのみではなく、窓口を一本化して、その担当者と電話で10分〜20分程度会話をして声を聞くことができるとよいのではないかと思います。ただし、社員（休職者）本人が負担に感じる場合には、負担が少ない連絡手段を用いることが必要になります。

　もっとも、病気の種類や症状、メンタルヘルス不調の１つの原因が職場にある場合は、会社との接触を避けて療養に専念させる必要があります。また、会社からの連絡や人事担当者とのやり取りをプレッシャー（早く復帰しなければいけないとの思い）に感じる休職者も中にはいますので、休職に入る段階で、会社からの連絡方法、頻度、復職に向けたステップ等について記載した書面を渡しつつ、休職中の会社との連絡方法などについて説明しておくことが重要ではないかと思います（【書式３】参照）。その書面の内容については、社員に渡す前に産業医に確認しておき、さらに、社員に渡す際には主治

第2章　休職中の問題

医や家族にも見せるように説明してみるとよいと思います。

3　復職の準備段階で提出させたい書類

　社員（休職者）との間で、2で指摘したような定期的な連絡を取っていると、病状が回復してきている、主治医が復職を考え始めている、生活リズムが安定し始めている、本人が近い将来での復職希望をもっている、といったことが会社にも伝わってきます。そうすると、会社も社員も復職を考えていくことになりますが、休職前と同じような日常生活を送れるようになってきたことと「従前の職務を通常の程度に行える健康状態に回復した」ということ、つまり、復職できる状態とは異なるということに注意しておく必要があります。

　まず、職場復帰の前段階として、日常生活が送れるようになっている、生活リズムが安定しているということが必要になります。その確認のために有用なのが、「生活記録表」【書式5】です。睡眠、食事、風呂、テレビ、読書、散歩といった日常の生活について、少なくとも2週間以上、1カ月程度、1日24時間単位で毎日記載していきます（10週間にわたって生活記録表を付けさせるなどといった丁寧な対応をした会社のケースが裁判所で争われたこともあります（日東電工事件（大阪高判令3・7・30労判1253号84頁））。

　この「生活記録表」では、睡眠リズム（睡眠を7.5時間程度継続的・安定的にとれているか、昼寝や朝寝坊はしていないか）、食事は3食決まった時間にとれているか、日中活動的に動いているか、といったことを確認することができ、厚生労働省＝独立行政法人労働者健康安全機構「心の健康問題により休業した労働者の職場復帰支援の手引き」（第1部25頁脚注15。以下、「手引き」といいます）記載の「職場復帰可否の判断基準」（次頁の囲み参照）の❸❺❻の内容をある程度確認することができ、いざ、復職の手続に入った時に、会社のほうでもスムーズに対応できるようになります。

80

職場復帰可否の判断基準

① 労働者が十分な意欲を示している。
② 通勤時間帯に一人で安全に通勤ができる。
❸ 決まった勤務日、時間に就労が継続して可能である。
④ 業務に必要な作業ができる（読書、コンピュータ作業、軽度の運動等）。
❺ 作業による疲労が翌日までに十分回復する。
❻ 適切な睡眠覚醒リズムが整っている、昼間に眠気がない。
⑦ 業務遂行に必要な注意力・集中力が回復している。

【書式5】 生活記録表

	記入例 ○ 月 □ 日 水曜日	月 日 曜日	月 日 曜日	月 日 曜日	月 日 曜日	月 日 曜日
時間	活動内容	活動内容	活動内容	活動内容	活動内容	活動内容
1:00						
2:00	睡眠					
3:00						
4:00						
5:00						
6:00	起床					
7:00	朝食					
8:00						
9:00						
10:00	運動					
11:00	（○○スポーツ）					
12:00						
13:00	昼食					
14:00						
15:00	図書館					
16:00						
17:00	買い物					
18:00						
19:00	家事手伝い					
20:00	夕食					
21:00						
22:00	就寝					
23:00	睡眠					
0:00						
備考	起床はスッキリで、昼間の図書館でも集中して本が読めた。食欲あり。					

（堤明純「厚生労働省労災疾病臨床研究事業費補助金　平成27年度総括・分担研究報告書 メンタルヘルス不調による休職者に対する科学的根拠に基づく新しい支援方策の開発」44 頁〈https://www.mhlw.go.jp/seisakunitsuite/bunya/koyou_roudou/roudoukijun/rousai/ hojokin/dl/27_14070101-01.pdf〉）

（根本義尚）

第2章　休職中の問題

Q13　休職中の賃金（諸手当、定額残業代、管理監督者）

休職中の賃金はどこまで不支給としてよいでしょうか。たとえば、労務提供そのものの対価ではない家族手当、住宅手当や、通勤手当、定額残業代、管理監督者の場合はどうでしょうか。

　　ノーワーク・ノーペイが原則です。ただし、当事者間で労務不提供にもかかわらず賃金を支給する合意があった場合、賃金請求権が発生します。

1　ノーワーク・ノーペイの原則

社員の労務提供とその報酬である使用者の賃金支払いは対価関係にあり（労働契約法6条、民法623条）、「労働者は、その約した労働を終わった後でなければ、報酬を請求することができない」（民法624条1項）とされています。そのため、労働者（社員）が欠勤、休職等により労務提供をしなかった場合、賃金請求権が発生せず（ノーワーク・ノーペイの原則）、使用者は欠勤等の割合に応じて賃金を不支給とすることになります。

2　賃金不支給の範囲

欠勤、休職している期間の賃金不支給の範囲に関して、基本給など労務提供そのものの対価である賃金を支払う必要がないことは争いがないでしょう。

では、労務提供そのものの対価ではない家族手当、住宅手当はどうでしょうか。この点について、かつては賃金には「交換的・対価的部分」と従業員たる地位に基づく「報償的・保障的部分」（たとえば家族手当や住宅手当等）があり、ストライキによる不就労の場合に賃金カットできるのは前者に限られ、後者は賃金カットできないとの判例もありました。しかし、現在では、

賃金請求権の有無は、当事者間で労務不提供にもかかわらず賃金を支給する合意があったか否かによって判断されると考えられており（三菱重工長崎造船所事件（最判昭56・9・18労判370号16頁等）、労務不提供の場合に賃金を支給しないことが就業規則で定められていたり、そのような労使慣行がある場合には賃金請求権が発生しないと考えられます。

3　日割り計算の方法

給与計算期間の一部について労務提供をしなかった場合、日割り計算をして労務提供をしなかった時間に対応する賃金を支給しないことができるか否かが問題となります。

（1）　基本給

基本給については日割り計算に馴染みます。その際の計算方法は、当該月の所定労働日数を用いる方法、月平均所定労働日数を用いる方法などがあります。疑義がないよう、就業規則で計算方法を定めておくことが望ましいです。

基本給月額が20万円、当該月の所定労働日数が20日、年間休日105日（月平均所定労働日数＝〔365日－105日〕÷12カ月≒21.7日）で月10日休業した場合の控除額は以下のようになります。

〈当該月の所定労働日数を用いる方法（【書式6】参照）〉

減額分＝$\dfrac{基本給20万円}{当該月の所定労働日数20日}$×休業した日数10日＝10万円

〈月平均所定労働日数を用いる方法〉

減額分＝$\dfrac{基本給20万円}{月平均所定労働日数21.7日}$×休業した日数10日＝9万2166円

（2）　手　当

（A）　家族手当や住宅手当

手当のうち、家族手当や住宅手当については、給与計算期間の一部につい

第2章　休職中の問題

て労務提供をしなかったからといって、生活費の補助等の支給理由はあると考えられるので、日割り計算の対象外とすることが通常と考えます。特に日割り計算を行いたい場合、その旨を給与規程で明確に定めるべきでしょう（【書式6】参照）。

（B）　役職手当や営業手当

役職手当や営業手当など業務に関連するものの月額で定額を支給している手当についても、原則として日割り計算の対象外とすることが通常と考えます。異動等により給与計算期間内で支給の前提となる事情が変化した場合などに日割り計算を行いたい場合、事由および処理について、給与規程で明確に定めるべきでしょう（【書式6】参照）。

（C）　通勤手当や定額残業代

通勤手当や定額残業代については、給与計算期間のすべてに労務提供をしていない場合不支給としている企業が多いと思いますが、実際に通勤する日数が少ない場合に通勤手当を定期券代ではなく実費支給としたり（【書式6】参照）、残業の可能性がない場合に定額残業代を全額不支給とする（【書式6】参照）など、きめ細やかな対応をしたい場合には、その旨を給与規程で明確に定める必要があります。

4　管理監督者の場合

管理監督者とは、労働条件の決定その他労務管理について経営者と一体的な立場にある者で、労働時間、休憩および休日に関する規定が適用されません（労働基準法41条2号）。裁判例および行政実務上、管理監督者に該当するためには勤怠について裁量を有している必要があるとされており、欠勤等を理由に賃金を不支給とすると管理監督者性が否定されるのではないかと考えられ、問題になります。

もっとも、管理監督者であっても、年次有給休暇を取得することはでき、これを取得せずに欠勤、休職した場合には部下に対する管理監督等の職責を

84

果たすことはできないため、欠勤、休職した場合には賃金を不支給とすることができると考えられます。

【書式6】就業規則例（休職期間中の賃金）

（給与の支払い）

第○条 給与の支払いはノーワーク・ノーペイを原則とする月給制とする。欠勤、遅刻、早退、中抜けなどにより所定就業時間の全部又は一部に就労しなかった場合、その不就労の日数及び時間に対する基本給及び諸手当（役職手当、営業手当、家族手当及び住宅手当を含む。以下同じ。）は支給しない。

2　前項の場合において、就労しなかった時間の計算は、当該給与計算期間の末日において合計し、次の計算式により計算して減額する。

$$減額分 = \frac{基本給及び諸手当}{当該月の所定労働時間} \times 休業した時間$$

3　賃金締切期間の中途において入社又は退職した者に対する当該給与計算期間における賃金は、次の計算式により算出した日割計算額により支給する。

$$支給分 = \frac{基本給及び諸手当}{当該月の所定労働時間} \times 勤務した日数$$

4　異動等により給与を変更した場合は、それぞれの期間につき日割計算により支給する

（みなし残業手当）

第○条 ○○の者には、月○時間分の時間外労働割増賃金としてみなし残業手当を支給する。月○時間を上回る時間外労働を行った場合、翌月の給与支給日に差額を支給する。

2　欠勤、休職、短時間労働や就労制限等により給与計算期間に時間外労働が見込まれない場合にはみなし残業手当を支給しない。

（通勤手当）

第○条 通勤距離が片道○km以上の場合、公共交通機関を用いる場合は最も経済的でかつ合理的な方法による1カ月の定期券代相当額、自動車を用いる場合は所得税法の非課税限度額を限度として、通勤手当を支給する。

2　欠勤、休職、出張、在宅勤務、年次有給休暇の取得その他の事由により給与計算期間の全日数にわたって現実に通勤しない場合、通勤手当は支給しない。

3　前項の事由や入退社等により給与計算期間において現実に通勤する日数が○日に満たない場合、第1項にかかわらず、通勤手当として現実に通勤に要する往復運賃の実費を支給する。

（村田浩一）

第 2 章　休職中の問題

Q14　傷病手当金、社会保険料個人負担分の請求

　傷病手当金とはどのようなものでしょうか。休職期間中に賃金が発生しない場合に、使用者は休職者に対して、賃金から天引きできない社会保険料個人負担分をどのように請求したらよいでしょうか。傷病手当金から社会保険料個人負担分を控除できるでしょうか。

　　　　社員は労務に服することができない場合に傷病手当金の支給を受けることができます。社会保険料個人負担分の請求は、請求書を送り、振り込むよう依頼するか、傷病手当金を使用者が受け取り、社員に渡す際に現金で支払うよう依頼することが考えられます。

1　傷病手当金とは

　傷病手当金は、健康保険の被保険者が病気やケガの療養のために労務に服することができない場合に、労務に服することができない日が連続して 3 日を経過したうえで（「待機」といいます）、4 日目以降、労務に服することができない期間に対して支給されます（健康保険法99条 1 項）。
　支給される期間は、支給を開始した日から通算して 1 年 6 カ月です（同条 4 項）。
　1 日あたりの支給される金額は、支給開始日の以前12カ月間の各標準報酬月額を平均した額[1]÷30日×（2／3）です（同条 2 項）。

1　支給開始日の以前の期間が12カ月に満たない場合は、次のいずれか低い額。
ア　支給開始日の属する月以前の継続した各月の標準報酬月額の平均額
イ　標準報酬月額の平均額

2　傷病手当金の申請

（1）　健康保険傷病手当金申請書

　傷病手当金の申請書は、健康保険組合等のホームページ等から入手できるので、社員が自ら入手しても、企業が入手し申請を希望する社員に提供してもよいです。

　全国健康保険協会の申請書では、申請書は4頁で、1～2頁の申請者情報、申請内容は社員が記入し、3頁の事業主証明は事業主が記入し、4頁の療養担当者の意見書は医師が記入します。

（2）　退職後の継続給付

　社員が退職した後は、原則として傷病手当金の支給を受けることはできませんが、次の①②を満たしている場合、退職後も引き続き残りの期間について傷病手当金の支給を受けることができます（健康保険法104条）。

退職後も傷病手当金の支給を受けることができる場合

①　被保険者の資格喪失をした日の前日（退職日）までに継続して1年以上の被保険者期間（健康保険任意継続の被保険者期間を除く）があること。

②　資格喪失時に傷病手当金を受けているか、または受ける条件を満たしていること。

（なお、退職日に出勤したときは、継続給付を受ける条件を満たさないために資格喪失後（退職日の翌日）以降の傷病手当金を受けることはできません）

（3）　消滅時効

　傷病手当金を受ける権利は、労務不能であった日の翌日を起算点として2年で消滅時効にかかるため（健康保険法193条1項）、手続が遅れると受給ができなくなります。

第2章　休職中の問題

3　社会保険料個人負担分の請求

　社会保険料（健康保険料および厚生年金保険料）は、社員および使用者が2分の1ずつ負担し（健康保険法161条1項、厚生年金保険法82条1項）、使用者が社員の個人負担分および使用者負担分を納付することになっています（健康保険法161条2項、厚生年金保険法82条2項）。

　社員が就労し、賃金が発生している場合、使用者が社員に支給する賃金から社会保険料個人負担分を天引きすることができます。

　社員が欠勤、休職し、賃金が発生しない場合といえども、使用者および社員は社会保険の保険料を負担する必要があり、使用者は社会保険料を納付しますが、賃金から天引きができないため、使用者は社員の個人負担分を立て替え、社員に社会保険料個人負担分を請求する必要があります。具体的には、使用者は社員に社会保険料個人負担分の請求書を送り、毎月の給与支払日などに振り込むよう依頼するのが通常の対応です。請求書の一例は【書式7】のとおりです。

4　傷病手当金から社会保険料個人負担分を控除できるか

　事業主は、社員の負担すべき前月の標準報酬月額に係る保険料（退職時に限っては、前月および当月の保険料）を報酬から、標準賞与額に係る保険料に相当する額を当該賞与から、それぞれ控除（天引き）することができると定められており（厚生年金保険法84条、健康保険法167条）、報酬以外のものである傷病手当金からの控除は認められないと考えられます。

　傷病手当金の支払先を社員の銀行口座ではなく、社員の同意を得て使用者の銀行口座とし、使用者が社員に手渡すこととし、その場で使用者が社員から社会保険料個人負担分を受け取ることは考えられます。

88

Q14　傷病手当金、社会保険料個人負担分の請求

【書式7】請求書（社会保険料の請求）

令和○年○月○日

○○○○　殿

株式会社○○○○
○○長　○○○○

社会保険料のご請求

　ご体調はいかがでしょうか。休職期間について、以下のとおりご連絡いたします。

　貴殿は、○○を理由に（○○クリニック○○○○医師の令和○年○月○日付診断書「○○により○月○日まで自宅療養を要する。」）、同年○月○日から同年○月○日までの○日間欠勤し、翌同月○日から休職期間を○カ月（令和○年○月○日まで）とする休職となっています（就業規則第○条1項1号「業務外の傷病により欠勤が○カ月間で○日以上に及んだとき」。）。

　欠勤中及び休職期間中の給与は、賃金規則第3条及び就業規則第17条4項の定めるところにより無給となっており、令和○年○月以降以下の社会保険料個人負担分が未払いとなっています。以下の計○円について、令和○年○月○日までに○○銀行○○支店○○口座○○名義（口座便号○○）にお支払いください。

　傷病手当金については請求書をお送りいただければ手続きを進めます。

	厚生年金保険料	健康保険料	計
令和○年○月分	○円	○円	○円
同年○月分	○円	○円	○円
同年○月分	○円	○円	○円
同年○月分	○円	○円	○円
同年○月分	○円	○円	○円
同年○月分	○円	○円	○円
同年○月分	○円	○円	○円
同年○月分	○円	○円	○円
同年○月分	○円	○円	○円
計	○円	○円	○円

　療養に専念され、無事快癒されることを祈っております。

　ご不明点等あれば○○部　○○（電話：○○－○○○○－○○○○、E-Mail：○○＠○○○○）宛てにご連絡ください。

以上

（村田浩一）

第2章　休職中の問題

> **Q15** 休職中の活動や副業の制限の可否

社員が私傷病休職中に海外旅行に行きたい、副業を行いたいなどと申請した場合に拒否することはできるでしょうか。また、使用者に無許可で海外旅行や副業を行っていることが判明した場合に、使用者は休職を打ち切ったり懲戒処分を行うことはできるでしょうか。

　休職中は療養に専念すべきと考えますが、自己の希望する活動が回復に資する可能性もあり、専門医の意見を踏まえて判断すべきでしょう。就業規則に休職者は療養に専念しなければならず、これに反した場合休職を打ち切ったり懲戒処分を行う可能性があることを定めることは構いません。

1　休職期間中の活動や副業を制限することの可否

休職は社員に対し療養のために労務提供を免除するものであり、休職者は療養に専念すべきで、他の活動は制限したいところです。実務家の見解としても、休職者には療養に専念する義務があるという見解（禁止説）も、休職に悪影響を与えない活動、兼業を許容する見解（許容説）もあります。実務的には、自己の希望する活動が回復に資する可能性もあり、専門医の意見を踏まえて判断すべきと考えます。

2　休職の打切りや懲戒処分の可否

一般論としては上記のとおり禁止説も許容説もありますが、実務的には許容できない活動がなされる可能性はあり、その際に休職を打ち切ったり懲戒処分を行う余地は残しておきたいところです。そのため、就業規則に、休職期間中は療養に専念すること、これに違反した場合、休職を打ち切る可能性

があることを定めておくとよいでしょう（【書式8】参照）。

　裁判例でも、会社から給与を一部支給されたままオートバイ店を経営していたことが就業規則所定の懲戒解雇事由である「会社の承認を得ないで在籍のまま、他の定職についたとき」にあたるとして懲戒解雇が有効と判断されたものがあります（ジャムコ立川工場事件（東京地八王子支判平17・3・16労判893号65頁））。

3　休職期間打切りの効果

　規定に基づいて休職が打ち切られた場合に、休職が終了し就労義務を負うのか、単なる欠勤に戻るのか、休職期間満了退職となるのかは明らかではありません。休職期間満了退職を企図するのであれば、その旨を就業規則に明示すべきです。

【書式8】就業規則例（休職期間中の取扱い、副業・兼業）

（休職中の取扱い）
第○条　休職期間中の賃金は無給とし、休職期間中は昇給を実施しない。
2～4　（略）。
5　業務外の傷病による休職の場合、社員は療養に専念しなければならず、これに反すると会社が判断した場合、休職を打ち切り、休職期間が満了したものとみなしたり、懲戒処分を科すことがある。
6　休職期間中に会社から状況の報告を求められた場合、社員はこれに応じなければならず、社員が正当な理由なく報告に応じなかった場合、会社は休職を打ち切り、休職期間が満了したものとみなすことがある。
（副業・兼業）
第○条　社員は、勤務時間外において、所定の書式により会社に許可を申請し、その許可を受けて他の会社等の業務に従事することができる。
2　会社は、以下に該当しない場合、原則として社員からの前項の許可申請を許可するものとする。
　①　労務提供上の支障がある場合
　②　企業秘密が漏洩する場合
　③　会社の名誉や信用を損なう行為や、信頼関係を破壊する行為がある場
　④　競業により、企業の利益を害する場合

（村田浩一）

第2章　休職中の問題

Q16　休職期間満了が近づいたときの注意点

メンタルヘルス不調の社員（休職者）の休職期間満了が近づいたとき、何かすべきでしょうか。注意点を教えてください。

> **A**　休職期間満了が近いことを予告すると丁寧です。また、休職者から休職期間満了の直前に復職を可とする主治医の診断書を提出されても検討の時間がないので、診断書提出のスケジュールも案内すべきです。

1　休職期間満了の効果

休職期間満了は、就業規則上、自然退職事由または解雇事由とされていることが通常で、雇用契約の終了という重大な効果を生じます。そのため、会社の説明や休職者の理解が不十分で、休職者が知らない間に休職期間が満了してしまった場合、紛争になる可能性があります。休職の発令（【書式2】）、休職中の報告義務、休職期間満了などについて、都度文書および口頭で休職者に丁寧に説明し理解を得ることが重要です（【書式3】参照）。

2　休職期間満了の予告

休職期間満了が近づいた場合、休職期間満了が近づいていること、復職手続およびスケジュールについて文書で予告、案内すべきです（【書式9】）。

復職を可とする主治医の診断書を提出されてから、主治医に照会を行ったり、産業医や専門医の意見を確認するなど、復職の可否の判断に4週間程度かかることがあるため、休職期間満了の4週間前までに復職を可とする主治医の診断書を提出するよう案内するのが無難です。そのため、休職期間満了が近づいていることの案内も、休職期間満了の2カ月程度前に行うべきで

92

しょう。

3 休職期間の延長義務

社員が知らない間に休職期間が満了してしまった場合などに、使用者が休職期間の延長を求められることがありますが、使用者には所定の休職期間を超えて対応する義務はありません（日本瓦斯（日本瓦斯運輸整備）事件（東京高判平19・9・11労判957号89頁、東京地判平19・3・30労判942号52頁））。

【書式9】 休職期間についての連絡

令和○年○月○日

○○　○○　殿

株式会社○○○○
○○長　○○　○○

休職期間についてのご連絡

ご体調はいかがでしょうか。休職期間について、ご連絡いたします。

貴殿は、○○を理由に（○○クリニック○○○○医師の令和○年○月○日付診断書「○○により○月○日まで自宅療養を要する。」）、同年○月○日から同年○月○日までの○日間欠勤し、翌同月○日から休職期間を○カ月（令和○年○月○日まで）とする休職となっています（就業規則第○条1項1号「業務外の傷病により欠勤が○カ月間で○日以上に及んだとき」。）。

貴殿の休職期間は、就業規則第○条1項1号の定めに基づき、令和○年○月○日から令和○年○月○日までの○カ月間であり、上記期間が満了しても貴殿の業務外の傷病が治癒し復職できなければ、当社を退職することとなります（就業規則第○条）。

復職を希望する場合は、社内手続きのため、休職期間満了の4週間前である同年○月○日までに、復職を可とする主治医の診断書を添えて○○部に復職願を提出してください。

療養に専念され、無事快癒されることを祈っております。

ご不明点等あれば○○部　○○（電話：○○－○○○○－○○○○、E-Mail：○○＠○○○○）宛てにご連絡ください。

以上

（村田浩一）

第3章　復職の申出がなされたとき

1　復職判断

Q17　復職を可とする主治医の診断書が提出された場合の対応

メンタルヘルス不調により1年近く休職していた社員がこの度「通院しながら就労可能」との診断書を会社に提出してきました。この後、会社としてはどのような対応をすればよいのでしょうか。職場復帰に関する基本的な流れを教えてください。

A　①医学的な見解を取り付けること、②主治医との連携を適切に図ること、③丁寧な対応をとることを心掛け、雇用喪失を前提とした対応をとらないことに留意しつつ、職場復帰が可能か否かの判断を行うことになります。

1　職場復帰の基本的な流れ

第1部「メンタルヘルス不調対策の基礎知識」25頁（脚注15）などでも指摘した厚生労働省作成の手引きが職場復帰に関する基本的な流れなどの詳細を説明しており、非常に参考になります。

> **職場復帰支援の流れ**
> 〈第1ステップ〉病気休業開始及び休業中のケア
> 〈第2ステップ〉主治医による職場復帰可能の判断
> 　ア　労働者からの職場復帰の意思表示と職場復帰可能の判断が記された診断書の提出
> 　イ　産業医等による精査
> 　ウ　主治医への情報提供

〈第3ステップ〉職場復帰の可否の判断及び職場復帰支援プランの作成
　　ア　情報の収集と評価
　　イ　職場復帰の可否についての判断
　　ウ　職場復帰支援プランの作成
〈第4ステップ〉最終的な職場復帰の決定
　　ア　労働者の状態の最終確認
　　イ　就業上の配慮等に関する意見書の作成
　　ウ　事業者による最終的な職場復帰の決定
　　エ　その他
　　　　　↓
　　　　職場復帰
　　　　　↓
〈第5ステップ〉職場復帰後のフォローアップ

　手引きは、行政推奨の内容で、法的義務を負うとまでは解されない支援についても記載されており、会社として現実的には対応が困難な内容も多いと思います。そのすべてを実行しようとするのではなく、重要なポイントを押さえつつ、対応していくのがよいと思います。〈第2ステップ〉～〈第4ステップ〉に至る職場復帰を判断するうえで、重要な点としては、①医学的な見解を取り付けること、②主治医との連携を適切に図ること、③丁寧な対応をとることを心掛け、雇用喪失を前提とした対応をとらないこと（26頁参照）に集約されるのではないかと解されます。

　会社は精神科医等の専門家ではないので、復職の可否を判断する際には、必ず、医学的な見解を取り付けたうえで判断する必要があります（上記①の点）。仮に、主治医が復職可能の診断を下している状況で、会社が産業医や会社が委嘱した精神科医（嘱託精神科医）の医学的見解をとらずに、復職させなかった場合や主治医および産業医がともに復職可能である旨の医学的見解を出している場合などに、会社の判断で復職させない場合には、その取扱いが違法と判断される可能性が非常に高くなります。

　また、会社としては、産業医や嘱託精神科医の医学的な見解等を基に社員（休職者）の復職を判断することが多いですが、本人の病気の状態を一番

第3章　復職の申出がなされたとき

知っているのは主治医ですので、主治医との連携も欠かせないものとなります（上記②の点で、後述2で補足します）。

　なお、産業医は、日本医師会認定産業医資格を得る際にメンタルヘルス対策の研修受講等はしているものの、精神科や心療内科が専門ではないことが多く、特に、復職不可の判断をする場合には、嘱託精神科医等からも医学的な見解を取り付ける必要が生じることもあります。

2　主治医との連携を適切に図ること

　主治医は社員の味方、産業医は会社の味方という整理をするとメンタルヘルス不調者の復職手続は失敗することが多いでしょう。そもそも、主治医と産業医とでは、役割・立場が異なっていることを抑えておく必要があります（下記囲みを参照してください）。この立場の違いを理解していれば、主治医の診断書に疑問がある場合（Q18）、主治医と産業医で意見が分かれる場合（Q22）があることなども理解できると思います。

主治医と産業医の違い（◎：メリット、△：デメリット）

主治医＝◎労働者の傷病を継続的に診察、病状には詳しい
　　　　△職務内容・職場の状況等を熟知できる立場にはない
　　　　△一般的な仕事への復帰の可能性を判断していることが多い
　　　　△労働者からの意向を受けて診断書が作成されることもある
産業医＝◎作業環境の維持管理、作業の管理、労働者の健康管理等の職務を行う
　　　　　（労働安全衛生法13条・同規則14条）＝職場の状況を理解
　　　　◎使用者が負う安全配慮義務の観点からの見解を示す
　　　　△精神科医や心療内科医ではないことが多い
　　　　△1カ月に一度程度しか面談していないことが多い

　会社が、復職希望者の病状等をよく知っている主治医との連携を適切に図ることが重要なことは、前述のとおりですが、裁判所も、その点を指摘し、さらに、その連携につき、復職希望者本人が協力することの重要性（Q19参照）まで指摘しています（J学園（うつ病・解雇）事件（東京地判22・3・24労

判1008号35頁)、日本漁船保険組合事件（東京地判令2・8・27労経速2434号20頁))。

　では、具体的に、どのように連携を図るべきでしょうか。その最初の手段として利用されており、手引きでも推奨されているのが産業医から主治医に送付する「情報提供依頼書」です（【書式10】が「手引き」の書式例です）。主治医がこの依頼書に応じて産業医（会社）に患者の医療情報等を提供することは要配慮個人情報の提供ですので、患者の同意が必要になります（個人情報保護法27条1項）。本人が同意していることを主治医に明確に伝えるため、「情報提供依頼書」の中に本人の同意署名を入れて送付するのが一般的な対応となっています（【書式10】の同意欄参照）。「情報提供依頼事項」の記載内容に加え、「生活記録表」（【書式5】。使い方についてはQ12）の写しの提供を求めるとともに（復職希望者本人に提出してもらう形でも構いません）、Q12で説明した手引き指摘の「職場復帰可否を判断する上での判断基準」7項目についての主治医の見解および社員の状況についての情報提供も求めることをお勧めいたします。なお、職場復帰可否の判断基準（下記囲み）の❸❺❻については、1カ月程度の生活記録表の記載内容のみでも、ある程度、判断できます。

職場復帰の判断基準

①　労働者が十分な意欲を示している。
②　通勤時間帯に一人で安全に通勤ができる。
❸　決まった勤務日、時間に就労が継続して可能である。
④　業務に必要な作業ができる（読書、コンピュータ作業、軽度の運動等）。
❺　作業による疲労が翌日までに十分回復する。
❻　適切な睡眠覚醒リズムが整っている、昼間に眠気がない。
⑦　業務遂行に必要な注意力・集中力が回復している。

　「情報提供依頼書」を受領した主治医は、産業医（会社）に対して、情報提供を書面で行うことになりますが、書面作成にあたり、会社や産業医に対して確認したいことがあるとして、直接、または復職予定者を通じて問い合

第3章　復職の申出がなされたとき

わせをすることもあります。その際には、産業医または事業場内産業保健スタッフ等が対応し、主治医とのやり取りを行うことになります。その後、主治医からの情報提供を受け、それを踏まえた産業医や嘱託精神科医の意見を受けた後（【書式11】）、会社として、復職の可否を判断することになります。また、場合によっては、主治医および復職希望者と、産業医や事業場内産業保健スタッフ・会社担当者との三者面談を実施し、情報提供を受けることを検討してもよいと思います。

　なお、復職が決まった場合には、産業医から主治医に対し、復職希望者（患者）に関する職場復帰および就業上の配慮に関する情報提供を書面で行い（【書式12】）、復職後のケア・フォローおよび継続的な連携について依頼をすることにします。

3　丁寧な対応をとり、雇用喪失を前提とした対応をとらないこと

　手引きでは、「職場復帰における就業上の配慮」として、以下の内容を指摘し、復職日から休職前に従事していた職務の100%を担当できなくとも、一定の配慮をすることを求めています。それゆえ、直ちに、「従前の職務を通常の程度に行える健康状態に回復した」と評価できなかったとしても、会社には柔軟な対応が求められると考えておくべきでしょう。その一環として、復職のうえ、業務軽減を一定期間に限り認める「慣らし勤務」などを挙げることもできます。

就業上の配慮の例

短時間勤務／軽作業や定型業務への従事／残業・深夜業務の禁止／出張制限（顧客との交渉・トラブル処理などの出張、宿泊をともなう出張などの制限）／交替制勤務制限／業務制限（危険作業、運転業務、高所作業、窓口業務、苦情処理業務等の禁止または免除）／フレックスタイム制度の制限または適用（ケースにより使い分ける）／転勤についての配慮

Q17 復職を可とする主治医の診断書が提出された場合の対応

【書式10】職場復帰支援に関する情報提供依頼書

年　　月　　日

職場復帰支援に関する情報提供依頼書

病院
クリニック　　　　先生　御机下

〒
○○株式会社　　○○事業場
産業医　　　　　　　　印
電話　○−○−○

　下記1の弊社従業員の職場復帰支援に際し、下記2の情報提供依頼事項について任意書式の文書により情報提供及びご意見をいただければと存じます。

　なお、いただいた情報は、本人の職場復帰を支援する目的のみに使用され、プライバシーには十分配慮しながら産業医が責任を持って管理いたします。

　今後とも弊社の健康管理活動へのご協力をよろしくお願い申し上げます。

記

1　従業員
氏　　名　○　○　○　○　　（男・女）
生年月日　　　年　　　月　　　日

2　情報提供依頼事項
（1）発症から初診までの経過
（2）治療経過
（3）現在の状態（業務に影響を与える症状及び薬の副作用の可能性なども含めて）
（4）就業上の配慮に関するご意見（疾患の再燃・再発防止のために必要な注意事項など）
（5）
（6）
（7）

（本人記入）
私は本情報提供依頼書に関する説明を受け、情報提供文書の作成並びに産業医への提出について同意します。
　　　　　年　　　月　　　日　　　　氏名　　　　　　　　　　　　　印

（手引き　様式例1）

99

第３章　復職の申出がなされたとき

【書式11】職場復帰に関する意見書

年　　月　　日

人事労務責任者　殿

職場復帰に関する意見書

○○事業場
産業医　　　　　印

事業場		所属		従業員番号	氏　名			
						男・女	年齢　　　歳	

目　的	（新規・変更・解除）

復職に関する意見	復職の可否	可　　　　条件付き可　　　　不可
	意見	

就業上の配慮の内容（復職可又は条件付き可の場合）	・　時間外勤務（禁止・制限　　　H）　　　・　交替勤務（禁止・制限） ・　休日勤務　　（禁止・制限）　　　　　・　就業時間短縮（遅刻・早退　　　H） ・　出張　　　　（禁止・制限）　　　　　・　作業転換 ・　配置転換・異動 ・　その他： ・　今後の見通し

面談実施日	年　　月　　日
上記の措置期間	年　　月　　日　～　　　　　年　　月　　日

（手引き　様式例３）

Q17　復職を可とする主治医の診断書が提出された場合の対応

【書式12】職場復帰及び就業上の配慮に関する情報提供書

年　　月　　日

職場復帰及び就業上の配慮に関する情報提供書

病院
クリニック　　　先生　御机下

〒
○○株式会社　　○○事業場
産業医　　　　　　　　　印
電話　○-○-○

　日頃より弊社の健康管理活動にご理解ご協力をいただき感謝申し上げます。
　弊社の下記従業員の今回の職場復帰においては、下記の内容の就業上の配慮を図りながら支援をしていきたいと考えております。
　今後ともご指導の程どうぞよろしくお願い申し上げます。

記

氏名		性別
	（生年月日　　　年　　月　　日　年齢　　歳）	男・女
復職（予定）日		
就業上の配慮の内容	・　時間外勤務（禁止・制限　　　H）　・　交替勤務（禁止・制限） ・　休日勤務　（禁止・制限）　　　　・　就業時間短縮（遅刻・早退　　　H） ・　出張　　　（禁止・制限）　　　　・　作業転換 ・　配置転換・異動 ・　その他： ・　今後の見通し	
連絡事項		
上記の措置期間	年　　月　　日　～　　　年　　月　　日	

（手引き　様式例４）

（根本義尚）

101

第3章　復職の申出がなされたとき

> **Q18　主治医の診断に疑問がある場合の対応**

　メンタルヘルス不調で1年近く休職していた社員が「職場復帰可能」の診断書を提出し、復職希望の申出をしてきました。しかし、定期的な社員からの報告や家族から聞いている家庭内での社員の様子、会社が把握している事実からすると、現時点で、職場復帰が可能な健康状態まで回復したとは考えられません。この場合、どのような対応をとるべきでしょうか。

　　　主治医に対して医療情報の提供を求めることに加え、会社が把握している事実等を主治医に提供するなどして、医学的判断の前提となる事実関係やその他情報等を主治医との間で共有できるような対応をとるべきです。

1　主治医の立場を理解する

　主治医は、社員の傷病を継続的に診察しており、病状には詳しく、本人の病気を治そうとする立場であるとともに、本人や家族の意向や希望を受けて診断書を作成したり、本人に不利な内容（雇用喪失につながるような内容など）を記載しないことが多いです。
　虚偽内容の記載は許されるものではありませんが、会社としては、主治医の立場はそういうものだと割り切って、職場復帰が可能か否かの判断をするのに必要な情報収集等を粛々と行うことが肝要です。

2　医療情報提供書等の活用

　ここで、必要になってくるのは、産業医から主治医に対する医療情報提供依頼で、この点については、「復職を可とする主治医の診断書が提出された場合の対応」（Q17）と同様です。どのような情報の提供を依頼すべきかに

102

ついては、Q17などで説明していますので、そちらをご参照ください。

　また、「主治医の診断に疑問がある」とのことですので、会社が把握している情報や職場の状況等からすると、復職希望者の現時点での「復職は困難である」と判断しているのでしょう。このような場合には、産業医（会社）から主治医に対して医療情報の提供を依頼する際に、上記の会社が把握している情報や職場の状況等に関する情報（職場復帰が困難であることを示す客観的事実や情報等）を伝えるべきです。このような産業医（会社）からの主治医に対する情報提供は、医学的判断の前提となる事実関係やその他情報等を一致・共有することを目的として行います。この場合、主治医には、産業医（会社）が提供した情報を前提とした場合の復職可否の判断についても、医療情報提供に関する回答書面の中で、記載してもらうようにすべきです。

　また、場合によっては、主治医および復職希望者と、産業医や事業場内産業保健スタッフ・会社担当者との三者面談を実施し、情報の共有化を図るということも検討してよいと思います。

3　主治医からの情報提供後の対応

　このようにして、主治医からの回答等に疑義が生じなくなった場合（復職が困難とされた場合）には、会社としてはその後の対応は必要なく、復職せず、休職のままとなります。

　しかし、上記2の対応を試みた結果としても、復職可能との主治医の判断に変わりがなかった場合には、会社としては、産業医から復職の可否等についての意見を出してもらい、産業医も「復職可能」との意見だった場合には、復職手続に入り、配慮をどの程度まで行うかの検討に入ります。

　それに対し、産業医の意見は、「復職は困難である」「復職不可」だった場合には、主治医と産業医との診断・意見が分かれた場合として取扱い、Q22で指摘している対応を行うことになります。

（根本義尚）

Q19 主治医への照会や産業医面談を断られた場合に復職を拒否できるか

　会社が復職可否の判断をするために必要であると判断して主治医に病状の照会を試みたり、産業医面談の設定を試みた場合に、復職希望者が非協力的な態度をとる場合、会社としては復職可否の判断ができないことから、復職を拒否しても構わないでしょうか。

　会社による復職可否の判断のための手続等に復職希望者が非協力的な態度をとった場合には、会社は復職可否の判断ができないことから復職を認めない対応で構いません。

1 「治癒」を立証する義務は復職希望者にある

　労働契約は、労働契約の義務（債務の本旨）を労働者（社員）が履行することにより、会社が賃金を支払う義務を負うものです（労働契約法6条）。休職は、労働者（社員）が債務の本旨に従った労務の提供が不能な場合に、会社として、労働契約を維持しつつ、労務の提供を免除する措置を意味します。
　以上から、傷病休職からの復職は、休職者が債務の本旨に従った労務の提供ができる状態に至っていることが必要になります。その結果、このレベルに達し傷病休職事由の消滅事由である「治癒」についても、原則として、「従前の職務を通常の程度に行える健康状態に回復した時」と解されます（例外については、Q31およびQ33）。そして、労働者（社員）が債務の本旨に従った労務の提供ができなくなって休職に入る以上、その休職事由が消滅したこと、すなわち、「治癒」を立証する義務を負うのは、労働者（社員）になります（在日米軍従業員・解雇事件（東京地判平23・2・9判タ1366号177頁）、伊藤忠商事事件（東京地判平25・1・31労経速2185号3頁））。

104

2 非協力的態度の責任は社員が負う

　復職に際して、復職希望者が必要な診断書の提出をしなかったり産業医との面談を拒否する、主治医の判断に疑問があるため、産業医から医療情報の提供依頼を行ったり、面会の申出をしても、回答がない、といったことが実務上生じます。この場合、会社としては、復職可否の判断をするにあたっての適切な情報収集ができない状況になっており、それ以降、復職の可否に関する判断手続が進まなくなります。

　休職事由が消滅したことを立証する義務を負うのは、復職希望者ですので、復職希望者は会社が復職の可否を判断することができるように協力する義務も負うことになります。そのため、会社が復職可否の判断をするために必要であると判断して主治医に照会を試みたり、産業医面談の設定を試みた場合に、復職希望者が非協力的な態度をとるのであれば、休職事由が消滅したものと判断できず、会社としては、復職を認めなければよいということになります。裁判所においても、①復職希望者が複数回にわたって通院先の診断書を提出せず、通院先ではない医師の証明書の提出をしたことから会社が当該医師への意見聴取を行おうとしても復職希望者が拒否した事案において、その対応の不利益を労働者（社員）に課し（大建工業事件（大阪地決平15・4・16労判849号35頁））、②復職希望者が就業規則に定めがない状況における指定医に対する受診命令を拒否した事案において、その対応の不利益を労働者（社員）に課し（全国電気通信労組事件（東京地判平2・9・19労判568号6頁））、さらに、③復職希望者が会社指定医の診断を受けることを明確に拒み、就業規則に即した復職手続の履践を拒否している事案において、合理性の認められる診断をもって復職の可否を判断すれば足り、主治医等に疾病の現状を問い合わせる必要もない（店舗プランニング事件（東京地判平26・7・18労経速2220号11頁））との判断を示しています。

（根本義尚）

第3章　復職の申出がなされたとき

Q20　復職可能かどうかを判断する際にどのような項目に着目すべきか

　メンタルヘルス不調で休職していた社員が「就労可能」との診断書とともに、復職希望を申し出てきました。しかし、「就労可能」との情報のみでは、産業医および会社として復職の可否を判断することはできません。どのような情報を入手するようにすればよいでしょうか。

> **A**　「生活記録表」を入手するとともに、少なくとも、「改訂　心の健康問題により休業した労働者の職場復帰支援の手引き」（以下、「手引き」といいます）記載の「職場復帰可否の判断基準」7項目についての情報は入手すべきです。

1　主治医の診断書だけでは、復職可能かの判断はできない

　復職希望者は、主治医作成の「就労可能」との診断書を会社に提出のうえ、復職希望の申出を行うことになりますが、主治医の診断書の記載内容は端的なものが多いのが実情です。そのような端的な記載では、産業医や会社が、傷病休職事由の消滅事由である「治癒」、すなわち、従前の職務を通常の程度に行える健康状態に回復しているかを判断するための情報が足りません。そこで、Q17で指摘した医療情報の提供を主治医に求めることが必要になりますが、会社としては、どのような情報を入手することが必要、重要なのか、ということが気がかりだと思います。

2　メンタルヘルス不調者の職場復帰可否の判断基準例

　この職場復帰可否について定型的な判断基準を示すことは困難で、最終的には、ケースバイケースになるものですが、筆者の実体験として、精神科医

106

や心療内科医からよくうかがう判断基準としては、手引き記載の「職場復帰
可否の判断基準」というものがあります（下記の囲み）。

職場復帰の判断基準

① 労働者が十分な意欲を示している。
② 通勤時間帯に一人で安全に通勤ができる。
❸ 決まった勤務日、時間に就労が継続して可能である。
④ 業務に必要な作業ができる（読書、コンピュータ作業、軽度の運動等）。
❺ 作業による疲労が翌日までに十分回復する。
❻ 適切な睡眠覚醒リズムが整っている、昼間に眠気がない。
⑦ 業務遂行に必要な注意力・集中力が回復している。

　上記の判断基準は、大きく、（1）体調管理を含む基本的な生活リズムの
安定（❸❺❻）と（2）業務遂行能力の回復（①②④⑦）に分けられるのでは
ないかと解されます。上記に加えて、対人コミュニケーション能力の回復も
重要になってくるものと解されます（伊藤忠商事事件（東京地判平25・1・31
労経速2185号3頁））は、「社内外の関係者との連携・協力が必要であり、その業
務遂行には、対人折衝等の複雑な調整等にも堪え得る程度の精神状態が最低限必
要とされる」と指摘しています）。この対人コミュニケーション能力の回復に
ついては、主治医および産業医からの見解を取り付けるとともに、復職可否
の情報収集の際に、人事担当者が復職希望者と面談することによって、その
情報等を入手するということも考えられます。

　上記の判断要素についても、産業医から主治医に問い合わせる医療情報提
供書（Q17【書式10】参照）に記載のうえ、それに対する主治医の見解および
社員の状況についての情報提供を求めるべきでしょう。また、判断基準の❸
❺❻については、1カ月程度の「生活記録表」（Q12【書式5】参照）の記載
内容のみでもある程度、確認、判断できますので、「生活記録表」の写しの
提供も主治医または復職希望者に求めるべきでしょう。

（根本義尚）

第 3 章　復職の申出がなされたとき

Q21 「程なく従前の職務を通常に行える」との診断書が提出された場合

　休職期間満了の直前に「程なく従前の職務を通常に行える」との診断書が提出された場合、復職を拒否し、休職期間満了により退職とすることができるでしょうか。

　　当初は軽易な職務に就かせ、程なく従前の職務を通常に行うことができると予測できる場合には、復職を認めることが相当と考えられます。

1　復職の判断基準

　復職の判断基準についてはQ19で前述したとおり、原則として、「従前の職務を通常の程度に行える健康状態に回復した時」をいい、職種・業務内容の限定特約がない場合、「現に就業を命じられた特定の業務について労務の提供が十全にはできないとしても、その能力、経験、地位、当該企業の規模、業種、当該企業における労働者の配置・異動の実情及び難易等に照らして当該労働者が配置される現実的可能性があると認められる他の業務について労務の提供をすることができ、かつ、その提供を申し出ているならば、なお債務の本旨に従った履行の提供がある」（片山組事件（最判平10・4・9判時1639号130頁)、下線は筆者。以下同様）と解されています。

2　「程なく従前の職務を通常に行える」との診断

　この点について独立行政法人N事件（東京地判平16・3・26労判876号56頁）はさらに踏み込んで、「休職命令を受けた者の復職が認められるためには、休職の原因となった傷病が治癒したことが必要であり、治癒があったといえ

るためには、原則として、従前の職務を通常の程度に行える健康状態に回復したことを要するというべきであるが、そうでないとしても、当該従業員の職種に限定がなく、他の軽易な職務であれば従事することができ、当該軽易な職務へ配置転換することが現実的に可能であったり、当初は軽易な職務に就かせれば、程なく従前の職務を通常に行うことができると予測できるといった場合には、復職を認めるのが相当である」と判示しました。

3 「程なく」とはどの程度の期間か

前掲・独立行政法人N事件では、主治医である「C見解によれば、原告が当初担当すべき業務量は、従前の半分程度であり、その期間として半年程度を要するというのであるが、半年という期間は、いかにも長く、半分程度の業務量ということからすれば、……当初軽易な業務に就かせれば程なく従前の職務を通常に行うことができると予測できる場合とは解されない」として、休職期間満了を理由とする解雇を有効と判断しました。

諸般の事情を総合考慮することにはなりますが、「程なく」とは長くても数カ月程度を想定しているものと考えられます。

そのため、主治医に照会をしたり産業医等に意見を求め、当初は軽易な職務につかせれば数カ月程度で従前の職務を通常の程度に行えると判断できるのであれば復職を認め、数カ月程度では従前の職務を通常の程度に行えると予測できない場合は復職を認めず休職期間が満了することになるでしょう。

（村田浩一）

第 3 章　復職の申出がなされたとき

Q22　主治医と産業医の意見が分かれたときの対応

　主治医は復職できるとの意見を述べ、産業医は復職できないとの意見を述べるなど、主治医と産業医の意見が分かれたときはどのように対応したらよいでしょうか。

> **A**　最終的には会社が判断することになりますが、拠って立つ意見の信用性、説得力を高める努力はすべきと考えます。主治医に対して照会を行うことや、サードオピニオンを得ることも有効です。

1　復職の判断基準

　精神医学においては、永続的、一時的を問わず臨床的に症状や検査成績が好転または消失する状態を「寛解」といい、その状態が比較的長期にわたるものを「完全寛解」といいます。寛解は、再発を伴う場合があるので、使用者は、休職者の復職を検討するにあたり、債務の本旨に従った履行の提供があるか否か、すなわち、寛解に至った社員の状態が就労に耐える程度に安定したもの（完全寛解）であるか否かを判断する必要があります。その際には、主治医や産業医、会社指定医等の医師の意見によることになり、主治医が復職できるとの意見を述べても、会社は産業医、会社指定医の意見を踏まえて対応することが少なくありません。

2　医師の意見の信用性、説得力

　医師の意見の信用性、説得力については、次のような裁判例があります。
　まず、キヤノンソフト情報システム事件（大阪地判平20・1・25労判960号49頁）では、自律神経失調症およびクッシング症候群により休職していた社員に関し、使用者が復職できないと判断する際に根拠とした医師の意見書に

110

ついて、「上記医師の意見書は、原告〔社員：筆者注〕を実際に診察することなく、専ら被告〔使用者：筆者注〕からの報告に依拠して作成されたものであるから、にわかに採用できない」として、社員を実際に診察していないことから医師の意見書の信用性を否定しました。

　他方、日本通運（休職命令・退職）事件（東京地判平23・2・25労判1028号56頁）では、ストレス反応性不安障害により休職していた社員が使用者に対し直属の上司を激しく非難、攻撃する手紙を繰り返し送付していたところ、留保付きではあるが職場復帰を可能と述べた主治医である「B医師は、原告が被告会社に送付した多数の名誉棄損ともいうべき手紙の存在と内容を詳しく知っていたと認めるべき証拠がない」とし、病状が回復していないと述べた産業医である「C医師は、原告の手紙の存在と概要を知っていたうえ、原告から、いったん同意したはずの診療情報提供を不可解な理由で拒否するという手紙の送付を受けたこともあった……原告の病状が回復していたとは思われないとした同医師の意見は、相当の説得力がある」と判断して、休職期間満了による雇用契約の終了を認めています。

　また、東京電力パワーグリッド事件（東京地判平29・11・30労経速2337号3頁）では、リワークプログラムの評価シートを参考にせず復職可能と述べた主治医の見解を採用せず、復職および職場復帰支援勤務不可とする産業医およびメンタル専門医の意見を根拠に傷病休職の期間満了による雇用契約の終了を認めています。

　会社としては、産業医や会社指定医の意見の信用性、説得力を高めるため、主治医への照会を行ったり、多くの情報に接することが有効と考えます。

3　主治医への照会

　Q18で前述したとおり、主治医は復職希望者の病状等を一番よく知っていると思われるため、会社としては主治医との連携を適切に図ることが重要である一方、主治医はメンタルヘルス不調者の職務内容・職場の状況等を熟知

第3章 復職の申出がなされたとき

できる立場にはなく、社員からの意向を受けて診断書が作成されることもあるため、主治医と職場とで復職可能と判断する基準が異なることがあります。そのため、会社または産業医から主治医に職務内容・職場の状況等を書面等で説明したうえで意見書（【書式10】職場復帰支援に関する情報提供依頼書、【書式11】職場復帰に関する意見書、【書式12】職場復帰及び就業上の配慮に関する情報提供書等も参照）の作成を求めたり、社員が主治医の診察を受ける際に社員の同意を得て会社担当者が同席し、主治医に職務内容・職場の状況等を説明したうえで主治医の意見を確認することは有効と考えます（【書式13】参照）。

4　サードオピニオンの取得

サードオピニオンを得て会社の判断をより説得的なものとすることも考えられます。

サードオピニオンに説得力をもたせるためには、メンタルヘルスの専門医であること、一定の社会的評価があること（学歴、職歴、所属学会、公的活動、論文等の業績等）、中立性があることがポイントと考えます。

もっとも、サードオピニオンを書いてもらう医師の探し方について、縁のない著名な医師に依頼しても対応してもらえないこともあるので、民間の産業医サービス提供会社に意見を求めることや、産業医などに専門医を紹介してもらうことも考えられます。

112

Q22　主治医と産業医の意見が分かれたときの対応

【書式13】同意書（主治医との面談および情報提供を求める同意）

株式会社○○○○
代表取締役　○○○○　殿

同　意　書

　貴社の私に対する復職の可否及び雇用上の配慮（やってはいけないこと、気を付けることなど）等の検討にあたり、貴社役員、社員及び会社指定医が、私の主治医である○○クリニック　○○医師と面談を行うこと及び情報提供を求めることについて、同意します。

以上

令和　　年　　月　　日

住所　　　　　　　　　　　　　

氏名　　　　　　　　　　　印

（村田浩一）

第3章 復職の申出がなされたとき

> **Q23** 産業医がいない場合や産業医の専門が心療内科でない場合

社員のメンタルヘルス不調について使用者として医師の意見を聞きたいのですが、産業医がいない場合や産業医の専門が心療内科でない場合、専門医のあてがない場合に、誰に意見を聞いたらよいでしょうか。

　主治医に照会することや、産業医に専門医を紹介してもらうこと、民間の産業医サービス提供会社に意見を求めることが考えられます。

1 主治医への照会

　社員が主治医の診断を受けている場合、社員の同意を得て、使用者が主治医に文書で照会を行ったり、使用者の担当者が社員の診療に同席することが考えられます。同意書の書式はQ22【書式13】のとおりです。
　主治医の意見を聞くメリットは、主治医は社員を直接診療しており、当該社員のことを最もよく知る医師であり、その意見は傾聴に値します。
　他方で、Q18で前述したとおり、主治医は社員の職務内容・職場の状況等を熟知せず、一般的な仕事への復帰の可能性を判断している可能性があること、社員の意向を受けて診断書が作成されることに注意する必要があります。

2 産業医による紹介

　産業医とは、企業等において労働者の健康管理等を行う医師をいい、常時50人以上の労働者を使用する事業場では産業医を選任する必要があります（安衛法13条、同法施行令5条）。
　定期健康診断を依頼している医師が産業医も兼ねている場合など、産業医

114

の専門が心療内科ではないことも少なくありません。その場合、産業医にメンタルヘルスの専門医を紹介してもらうことは考えられます。

3　民間の産業医サービス提供会社

　近時では継続的に産業医となってもらうほかにも、必要な際に金銭を支払って民間の産業医サービス提供会社に社員を診断してもらい、意見を述べてもらえるサービスも登場しており、このようなサービスを利用することも考えられます。

（村田浩一）

コラム③　産業医の選任

　産業医にも専門、意見の内容、契約形態などにおいてさまざまな者がいます。

　専門が心療内科のこともあれば、定期健康診断を依頼している医師が産業医を兼ねており、専門が心療内科ではないこともあります。

　主治医の意見に従うのみの消極的な者もいます。他方で、メンタルヘルス不調が疑われる女性社員に対し注意指導してよいか、産業医に意見を確認したところ、産業医が「当該女性社員はサイコパスであり、改善するものではないので、注意指導して差支えない」といった意見書を書いてくれ、心強かったこともあります。

　産業医を依頼する際の条件も、業務委託契約のことも雇用契約のこともあり、産業医が会社を訪問してくれる頻度（月1回、第〇曜日など）もさまざまです。

　自社のニーズに合う産業医に依頼することが重要で、ニーズに合っていない場合、新たな産業医を選任することも検討すべきです。　（村田浩一）

第3章　復職の申出がなされたとき

Q24 休職期間満了直前の復職申出への対応

　メンタルヘルス不調により休職している社員から、休職期間満了直前に、主治医による復職を可とする診断書を添えた復職申出がなされました。当社では主治医の診断のみでは復職を認めておらず、産業医の意見を確認したうえで復職を認めているため、休職期間満了までに復職を可とする判断はできません。この場合、休職期間満了により退職としてよいでしょうか。復職申出を行う場合、休職期間満了の4週間前までに主治医の復職を可とする診断書を添えて行うよう、事前に案内している場合はどうでしょうか。

　　　いずれの場合も休職期間を延長し、復職の可否等を判断する対応が無難と考えます。

1　原則

　Q16で前述したとおり、使用者には休職期間を延長する義務はなく、休職期間満了までに復職可との判断ができない場合、休職期間満了により退職とするのが本来的な対応とも思われます。ただ、休職期間満了までに主治医による復職を可とする診断書を添えた復職申出をしている場合、社員としても復職に対する期待があり、客観的にも休職期間満了時に休職事由が消滅している（復職可能になっている）可能性もあり、復職の可否を慎重に判断すべきと考えます。

2　実務対応

　上記の場合、使用者の判断に必要な期間（2週間～4週間程度と思います）、休職期間を延長し、その期間に復職の可否を判断し、復職の可否の判断や受入れ先の調整を行い、復職できると判断したら復職を命じ、復職できないと

判断したら休職期間満了により退職とする対応が無難と考えます。

【書式14】 休職期間延長通知

令和○年○月○日

○○　○○　殿

株式会社○○○○
○○長　○○　○○

休職期間についてのご連絡

　貴殿は、○○を理由に（○○クリニック○○○○医師の令和○年○月○日付診断書「○○により○月○日まで自宅療養を要する。」）、同年○月○日から同年○月○日までの○日間欠勤し、翌同月○日から休職期間を○カ月（令和○年○月○日まで）とする休職となっています（就業規則第○条１項１号「業務外の傷病により欠勤が○カ月間で○日以上に及んだとき」。）。

　貴殿の休職期間は、就業規則第○条１項１号の定めに基づき、令和○年○月○日から令和６年７月31日までの○カ月間であり、上記期間が満了しても貴殿の業務外の傷病が治癒し復職できなければ、当社を退職することとなります（就業規則第○条）。

　貴殿から同年８月１日付で復職の申出があり、本来であれば休職期間満了により退職となるところですが、復職の可否を判断するため、貴殿の休職期間を同年８月14日まで延長し、復職の可否を判断することといたしました。同日までに復職ができると判断できなかった場合、休職期間満了により退職となります。

　療養に専念され、無事快癒されることを祈っております。

　ご不明点等あれば○○部　○○（電話：○○−○○○○−○○○○、E-Mail：○○＠○○○○）宛てにご連絡ください。

以上

（村田浩一）

第3章　復職の申出がなされたとき

② 復職のオプションおよびプロセス

Q25　通勤訓練・試し出勤・慣らし勤務とは

休職中の社員から復職希望の意思表示がありましたが、当社はその社員の希望を踏まえて、すぐにフルタイムで復職を許可してもよいものでしょうか。何か段階を踏むべきかなど、留意点があれば教えてください。

A 　社員が復職を希望し、また主治医の復職可能の診断書があったとしても、それだけでは社員を復職させてよいとは限りません。そこで、通勤訓練、試し出勤などを経て、復職の可否を検討し、その後も慣らし勤務期間を設けるなどの対応が望ましいところです。

1　休職から復職までの大まかな流れ

社員の休職開始に際しては特段問題ないことが多いと思います。問題は復職であり、本人の希望で直ちに復職が可能となるわけではありません。復職可能と判断された診断書の提出は必須ですが、診断書があっても実際にはスムーズに復職できないことも少なくありません。そこで、会社は正式に社員の復職を許可する前に、社員が本当に復職できるかを確認することが必要となります。具体的な確認の方法として、復職直前、直後の各段階で、「通勤訓練」、「試し出勤」、「慣らし勤務」などの対応が考えられますので、以下でご説明いたします。

2　通勤訓練

（1）定　義

本書において、通勤訓練とは休職中に社員が会社の最寄り駅まで行く、も

118

しくは会社まで行くことと定義します。

（2） 通勤訓練の態様

　メンタルヘルス不調の特性もあり、療養生活に伴って社員の生活リズムが乱れていることも少なくありません。また、出勤、就労の象徴でもある満員電車から遠ざかっていることも多いです。このような状況で、いきなり毎日定時に出社をしなければならないという事実に直面することはかなり負担が大きいことは想像に難くありません。

　そこで、通勤訓練で、まずは定時の出社自体ができるのか、という点を確認することがあります。具体的な通勤訓練の態様としては次のようなものがあります。

通勤訓練の態様

① 　自宅の最寄り駅まで行く。
② 　会社の最寄り駅まで行く。
③ 　会社まで行く。
④ 　出社時間や退社時間に合わせて公共交通機関を利用する。

---

　①から順番に④まで行い、また最初は週に２回〜３回程度から進めて、１カ月後には平日毎日③や④をこなすことができれば、社員は出社できるものと判断することができます。

3　試し出勤

（1） 定　義

　本書において、試し出勤とは、休職期間中に社員が会社に出社し、数時間程度から所定労働時間内の在社をし、または軽作業に従事することと定義します。

　試し出勤という名前を使用してはいませんが、「労働時間等見直しガイドライン（労働時間等設定改善指針）」（平成 20年厚生労働省告示第 108 号、最終改正：平成30年10月30日）では、「病気休暇から復帰する労働者については、短時間勤務から始め、徐々に通常の勤務時間に戻すこと等円滑な職場復帰を支援するような労働時間等の設定を行うこと」が推奨されており、この指針は

119

第3章　復職の申出がなされたとき

実質的に試し出勤を推奨しているものといえます。

（2）　試し出勤の態様

試し出勤は、休職中の社員が会社に出社することとなりますが、所定労働時間の労務を提供するわけではありませんので、休職扱いとなります。

そして、試し出勤の態様としては次のようなものが考えられます。

---

① 会社に出社し、30分から1時間程度で帰宅する。
② 会社に出社し、数時間程度在社し、自由にすごし、帰宅する。
③ 会社に出社し、数時間程度在社し、軽作業に従事し、帰宅する。
④ 会社に出社し、6時間～8時間程度在社し、軽作業に従事し、帰宅する。

1カ月から2カ月程度の時間をかけて、①から順番に④まで社員に実践してもらいます。ここで毎日の出社につまづくようであれば、たとえば③の段階であれば②の段階に戻る、出社日数を減らすなどの対応が必要です。

また、各プロセスの移行時には達成率をチェックし、たとえば80％以下の達成率であれば現状維持とするなど必ず社員が各プロセスに耐えうる状態かを確認する必要があります。

4　慣らし勤務

（1）　定　義

本書において、慣らし勤務とは復職後に主治医の診断書や産業医の面談を基に、復帰後の業務内容の軽減措置をとることと定義します。復職までに試し出勤をし、社員の耐ストレス状況を確認し、通常勤務に戻る準備ができたように見えても、実際に働くとなるとやはり社員の心身に大きな負担がかかりますので、復職直後に無理をしたことでメンタルヘルスの不調を再発する例も多くあります。無理をして再発すると復職まで頑張った意味が無になってしまいますので、会社が短期間の間、社員に慣らし勤務を許可し、その負担を軽減することで円滑に復職を行うことを促進しようという試みです。

120

（2） 慣らし勤務の態様

慣らし勤務の態様は、その業務内容によって三者三様ですので一概に決まった内容があるわけではありませんが、その例としては以下のようなものが挙げられます。

①　管理職の場合は管理職務を解く。
②　シフト勤務の場合はシフトを配慮する（夜勤免除等。ただし、午後からの勤務のほうが負担が小さいと感じる人もいます）。
③　エンジニアであれば業務負荷が低いプロジェクトに配置をする。
④　慣らし勤務の期間は1カ月から3カ月程度。

（3） 復職後の業務内容

なお、慣らし勤務とは異なりますが、慣らし勤務と同様の趣旨で復職後に配置転換を行うか迷うこともあります。配置転換に伴い業務内容が変わり、本人に負荷がかかるおそれもありますので、原則としては、復職後は復職前と同じ職場、同じ業務内容とすることが通常です。しかし、メンタルヘルスの不調の原因が職場の人間関係に起因している場合、復職前と同じ職場に戻ることでやはりメンタルヘルスの不調が再発するおそれがあります。このような場合には、復職後はこれまでとは別の職場に戻ることを検討するか、もしくはすでに配置転換により問題となりそうな人間関係が払拭されていることを確認することが望ましいところです。

5　まとめ

休職中の社員の希望にかかわらず、会社は社員が復職、さらにいえば、復職後一定期間の就労継続に耐えうる心身の状態であるかを判断する必要があります。その手段として通勤訓練、試し出勤があり、復職後も社員のメンタルヘルスの不調が再発しないように短期間でも慣らし勤務を認めて、社員が円滑に復職できるように努めることが会社にとっても社員にとっても利益になるといえるでしょう。

（萩原大吾）

第3章　復職の申出がなされたとき

Q26　通勤訓練・試し出勤の賃金、規定例

　当社には通勤訓練や試し出勤に関する規定がありませんが、メンタルヘルスの不調に陥っていて欠勤が続いている社員が何人かいます。そこで、通勤訓練や試し出勤に関する規定を設けようと思いますが、注意点を教えてください。

A　通勤訓練や試し出勤を行う場合、これらの出社が復職に該当しないことなど位置付けを明確にするために規定を設けるのが望ましいです。ただし、通勤訓練や試し出勤の内容は、対象者の状況によってさまざまですので、当該規定で細かく内容を指定するよりも包括的な規定として、個別事案に対応できるようにすることが運用面で臨機応変に対応でき便利です。

1　通勤訓練に関する規定例

　本書において、通勤訓練とは休職中に社員が会社の最寄り駅まで、もしくは会社まで行くこととします。

　そして、通勤訓練を規定する際の注意点は、（1）社員本人の同意により、休職期間中に行うものであること、（2）通勤訓練は労務の提供には該当しないので、賃金は発生せず、労災保険の適用がないこと、（3）社員から会社への報告について規定する点などが挙げられます。

（1）　社員の希望があること、休職期間中に行うものであること

　まず、そもそも休職中の社員が通勤訓練を行う理由としては、復職を希望する社員が、復職を可とする診断書があるとしても、実際に会社まで通勤できるか否かを正式に復職前に確認する点にあります。そこで、このような点を踏まえて、規定としては以下のような内容が考えられます。

122

> 休職期間の終期までに残期間がある社員が、復職を希望し、主治医の診断書を提出した場合、会社は休職委員会、産業医等の意見を踏まえて、復職の前提として、社員に通勤訓練を命じることがある。

（２） 通勤訓練は労務の提供に該当しない、賃金不発生、労災の適用なし

次に、通勤訓練は社員が会社の最寄り駅まで行く、もしくは会社まで行くことをいい、社員は何らの労務を提供しません。そのため、通勤訓練は労務の提供には該当しないこと、賃金は発生しないこと、移動中の事故は労災の適用はないことを明確にする必要があります。そこで、このような点を踏まえて、規定としては以下のような内容が考えられます。

> 通勤訓練は休職期間中に行うものとする。社員は、その移動時における事故が労働災害に該当しないことを踏まえ、注意して行動するものとする。なお、通勤訓練は労務の提供ではないことから、会社は社員に賃金等を支払わない。

（３） 社員による報告

社員が通勤訓練をした場合でも、最寄り駅までの場合には会社は通勤訓練の状況を確認できませんし、通勤訓練の際の本人の状況を確認する必要もあります。そこで、この場合には社員から会社への報告をしてもらう必要があり、規定としては以下のような内容が考えられます。

> 社員は通勤訓練の状況を、会社の求めに応じて会社に報告しなければならない。また会社は、本人の報告、休職委員会の意見を踏まえて、通勤訓練の延長、又は第○条に定める試し出勤の可否を判断するものとする。

２ 試し出勤に関する規定例

本書において、試し出勤とは休職期間中に社員が会社に出社し、数時間程度から所定労働時間内の在社をし、または本人と協議して原則として会社の業務以外の軽作業に従事することとします。

123

第3章　復職の申出がなされたとき

　そして、試し出勤も通勤訓練と同様に社員が労務の提供するわけではなく、また復職にも該当しないことを踏まえて、（1）社員本人の希望により、休職期間中に行うものであること、（2）試し出勤は労務の提供には該当しないので、労災の適用はないこと、（3）通常の賃金は発生しないこと、（4）業務に準ずるような軽作業に従事した場合には事前の協議のうえで一定の対価を支払うことなどが注意点として挙げられます。

（1）　社員の希望があること、休職期間中に行うものであること

　まず、そもそも休職中の社員が試し出勤を行う理由としては、復職の前提として社員が労務提供できる状態であることを確認する点にあります。メンタルヘルス上の問題で長期間休養していた社員が、ある日から直ちに1日8時間などの労務の提供をすることは難しいことが多くあります。そこで、問題なく終日勤務するまでの慣らすためのステップとして、試し出勤を利用することが考えられます。ただし、社員はまだ復職したわけではありませんので、試し出勤は休職期間中に行うものであることを明確にする必要があります。

　そこで、このような点を踏まえて、規定としては以下のような内容が考えられます。

　休職期間の終期までに残期間がある社員が復職を希望した場合において、第○条に定める通勤訓練の結果、及び休職委員会、産業医等の意見を踏まえ、会社が社員の心身が試し出勤に耐えられると判断した場合には、会社は、試し出勤として社員が会社に出社することを許可する。

（2）　試し出勤は労務の提供に該当しないこと、労災の適用はないこと

　社員が試し出勤をしても、読書をしたり軽作業をしたりするだけですので、社員は労務の提供をしているわけではありません。そのため、試し出勤時の移動時の事故は労災に該当しません。そこで、この点を明確にするために次のような規定を設けることが考えられます。

124

> 試し出勤は休職期間中に行うものとする。社員は、会社への移動時、在社時における ケガ等は労働災害に該当しないことを認識し、十分に注意して行動するものとする。

（3） 通常の賃金は発生しないこと、軽作業に応じた対価が発生しうること

上記（2）のとおり、試し出勤により社員は休職前と同じ労務を提供しているわけではありません。また、そもそも休職中ですので、試し出勤中に軽作業をしたとしても、会社は賃金規程に基づく賃金を支払う必要はありません。もっとも、社員が軽作業をし、会社がその作業に基づき何らかの受益を得たのであればその対価を支払うことが相当です。そこで、試し出勤中に通常の賃金は支払われないこと、ただし、作業内容が会社の業務に準じる場合など一定の場合には、対価が支払われることを明確にするために次のような規定を設けることが相当です。

> 試し出勤は債務の本旨に従った労務の提供ではないため、会社は、試し出勤をする社員に対して、賃金規程に基づく賃金等を支給しない。ただし、社員が会社の指示に従い業務に準じた軽作業等をした場合、必要に応じてその対価を支払うことがある。

（4） 裁判例

なお、上記（3）の社員が軽作業をする場合に関連して、NHK 名古屋放送局事件（名古屋高判平30・6・26労判1189号51頁）があります。同事件は、休職中の社員がテスト出局（本書でいう「試し出勤」に相当します）した際に、ニュース制作をしたことから、これに対する賃金、または最低賃金の支給を求めて争いました。

裁判所は、まず社員の就業規則に基づく賃金の支払いについて、「テスト出局のように休職者のリハビリと職務復帰の判断を目的として実施され、時間及び作業内容が軽減された労務の提供に対する賃金については、就業規則及び職員給与規程に定めがないと解される」ことを理由にその社員の請求を棄却しました。

125

第 3 章　復職の申出がなされたとき

　しかしながら、最低賃金の請求については、社員が制作したニュースといういう「成果を被控訴人〔会社：筆者注〕が享受しており、控訴人〔社員：筆者注〕が出局していた時間は使用者である被控訴人の指揮監督下にあったものと見られるから、この時間は労働基準法11条の規定する労働に従事していたものであり、無給の合意があっても最低賃金の適用により、被控訴人は控訴人に対し、その労働に対し最低賃金相額相当の賃金を支払う義務を負うこととなる（労働基準法11条、13条、28条、最低賃金法 2 条、 4 条 1 項、 2 項）」と判断し、その社員の請求を認容しました。

　したがって、会社が社員に軽作業を指示した場合には、最低賃金を上回る賃金を支払う必要があると考えられます。

3　まとめ

　通勤訓練や試し出勤の内容は三者三様であり、具体的に規定することは難しい部分がありますが、紛争防止の見地からはポイントを踏まえてできるだけ規定しておくことが望ましいです。そこで、少なくとも、①両者とも社員の希望で行われるものであること、②休職期間中であること、③会社への移動中の事故等が生じても労働災害に該当しないこと、④出社および軽作業に従事をしても賃金規程に基づく賃金は支払われないことは明確に規定することが適切です。

【書式15】就業規則例（通勤訓練・試し出勤）

> **（休職・職場復帰に関する委員会）**
> **第○条**　会社は第○条第 1 項、同 2 項の対象となる従業員の休職発令の要否、職場復帰の可否に関する委員会（以下「休職委員会」という）を設置する。
> 　2　前項の委員会は、原則として、以下の者で構成し、総務部長を委員長とする。
> 　　(1)　総務部長
> 　　(2)　産業医、看護師、または会社が指定するスタッフ
> 　　(3)　対象従業員の所属長、または上長
> 　3　上記委員会は、休職発令の要否、休職期間の決定、休職の中止、通勤訓練及び試し出勤の可否とその内容、及び、復職の可否の判断、復職後の慣らし勤務

の内容を検討する。会社は委員会の報告を踏まえて、各種判断を行うものとする。

（通勤訓練）

第○条 休職期間の終期までに残期間がある社員が復職を希望し、主治医の診断書を提出した場合、会社は休職委員会、産業医等の意見を踏まえて、復職の前提として、社員に通勤訓練を許可することがある。

2　通勤訓練は休職期間中に行うものとする。社員は、その移動時における事故は労働災害に該当しないことを踏まえ、注意して行動するものとする。

3　通勤訓練は労務の提供ではないことから、会社は社員に賃金等を支払わない。

4　社員は通勤訓練の状況を毎週会社に報告し、また休職委員会の意見を踏まえて会社は第○条に定める試し出勤の可否を判断するものとする。

5　具体的な通勤訓練の内容、スケジュールは個別に作成するものとする。

（試し出勤）

第○条 休職期間の終期までに残期間がある社員が復職を希望し、第○条に定める通勤訓練の結果を踏まえて、復職の前提として、会社が休職委員会、産業医等の意見を踏まえて社員の心身が試し出勤に耐えられると判断した場合、会社は試し出勤として社員が会社に出社することを許可する。

2　試し出勤は休職期間中に行うものとする。社員は、その移動時、社内在社時における事故は労働災害に該当しないことを踏まえ、注意して行動するものとする。

3　試し出勤は債務の本旨に従った労務の提供ではないことから、会社は社員に対して、賃金規程に基づく賃金等を支払わない。ただし、社員が会社の指示に従い軽作業等をした場合、必要に応じてその対価を支払うことがある。

4　具体的な試し出勤の内容、スケジュールは個別に作成するものとする。

（萩原大吾）

第3章　復職の申出がなされたとき

Q27　復職を延期し通勤訓練を勧奨できるか

　当社の休職中の社員が復職を申し出てきたので、社員と面談をしたところ、社員は面談時刻に大幅に遅れるとともに、会話をすること自体にかなり無理をしているようでした。このような状況では到底復職はできないと思いました。社員に復職前に通勤訓練や試し出勤を勧めることができるのでしょうか。

Ⓐ　休職中の社員が復職を申し出たとしても、社員が労務の提供に耐えうる状態でないと判断できる場合は復職を認める必要はありません。また、復職の前提として通勤訓練や試し出勤を勧めることは法的には可能ですので、社員の同意を得て積極的に行うべきと考えます。

1　復職前の通勤訓練の必要性

（1）　通勤訓練・試し出勤

　メンタルヘルスの不調で社員が休職した場合、ケガ等による休職と異なり、一応の水準であっても復調するまでに、数カ月から半年間、または1年程度の期間がかかることはあまり珍しくありません。この期間中、社員は療養に努め、メンタルヘルスの不調の改善に励むことになりますが、十分に療養の効果があがるケースは必ずしも多くはありません。そして、社員のメンタルヘルスの状況が一応復調し、主治医が復職可能という判断をし、社員が復職可能の意思表示をした時点で会社は社員の復職を検討することになります。

　しかしながら、社員は休職中、療養をしているので当然ですが、ラッシュ時の通勤電車に乗ることはないでしょうし、決まった時間にミスなく業務を日々行うということは健康な人でも小さくないストレスがかかります。たと

128

え休職明けの社員が復職可能という診断書を提出してきたとしても、実際に通勤が可能か、休職前と同様に、一定水準の労務を日々提供し続けられるかは現実的には別問題といわざるを得ません。

そこで、復職前に社員が通勤可能な状態にあるのか、日々の労務の提供が可能かを判断するために通勤訓練などを行います。なお、通勤訓練とは休職中に社員が会社の最寄り駅まで行く、もしくは会社まで行くこととし、試し出勤とは休職期間中に社員が会社に出社し、数時間程度から所定労働時間内の在社をし、または軽作業に従事することとします（Q25参照）。

（２）　通勤訓練・試し出勤を拒否した場合

通勤訓練などについては法律上の規定はありませんので、会社が規定を設けて、または社員本人との合意により通勤訓練などを実施することになります。したがって、社員が復職を希望した後、復職可能な状態か疑問である場合には、通勤訓練や試し出勤を実施し、社員が復職可能な状態（債務の本旨を提供できる状態）にあるかを確認することが相当です。

それでは、社員が通勤訓練などを拒否した場合、会社は社員が主張するままに復職を受け入れざるをえないのでしょうか。この点については、社員の復職可能性に疑義があるのであれば、会社はその疑義を解消する対応をとるべきです。すなわち、社員が提出した主治医の診断書に疑義がある場合には、社員の同意を得たうえで、主治医にコンタクトを得て診断書の内容を確認したり、社員と産業医が面談をしたりするなどの対応をする必要があります（Q22【書式13】参照）。

（３）　裁判例

この点について、アメックス（休職期間満了）事件（東京地判平26・11・26労判1112号47頁）では、会社として、「本件診断書及び本件情報提供書の内容について矛盾点や不自然な点があると考えるならば、本件療養休職期間満了前の原告〔社員：筆者注〕の復職可否の判断の際にＤ１医師〔社員の主治医：筆者注〕に照会し、原告の承諾を得て、同医師が作成した診療録の提供

第3章　復職の申出がなされたとき

を受けて、被告〔会社：筆者注〕の指定医の診断も踏まえて、本件診断書及び本件情報提供書の内容を吟味することが可能であった」と指摘しました。

そのうえで、被告はそのような措置を一切とることなく、何ら医学的知見を用いることなくして、D1医師の診断を排斥して、休職期間が満了するまでに問題なく職務が遂行できる健康状態に回復していないとして、復職を拒否した被告の判断は、その「裁量の範囲を逸脱又は濫用したものというべき」と判断し、裁判所は休職期間満了による退職の有効性を否定しました。当然のことながら裁判では、医師の判断はとても重視されます。まず初めに医学的判断があり、その後に法的判断となりますので、会社は会社側の認識を支える診断書の確保に全力を挙げるべきです。

なお、主治医から情報を取得するためには社員の同意が必要となります（個人情報保護法17条2項）。しかしながら、社員がこの同意を拒否する場合、会社は適切な復職の判断ができません。

この点について、大建工業事件（大阪地判平15・4・16労判849号35頁）において、裁判所は「復職の要件である治癒、すなわち、従前の職務を通常の程度行える健康状態に復したかどうかを使用者である債務者が債権者〔社員：筆者注〕に対して確認することは当然必要なことであり、……債務者が、債権者の病状について、その就労の可否の判断の一要素に医師の診断を要求することは、労使間における信義ないし公平の観念に照らし合理的かつ相当な措置である。したがって、使用者である債務者は、債権者に対し、医師の診断あるいは医師の意見を聴取することを指示することができるし、債権者としてもこれに応じる義務がある」と判断しています。

2　まとめ

以上、通勤訓練や試し出勤は法律上の規定はなく、会社が自由に制度を設計することが可能ですので、休職中の社員が復職を希望した場合には通勤訓練などを勧めて実際に通勤できるのか、日々の勤務を続けていくことができ

るのかを確認し、復職の可否を判断する必要があります。社員が通勤訓練などを拒否した場合、会社は主治医の診断書だけで復職の可否を判断することはできませんので、社員の同意を得て主治医の診断内容を確認したり、産業医の意見を聴取したうえで、最終判断をするということになります。

【書式16】 職場復帰までの留意事項、注意点

職場復帰までの留意事項、注意点

　休職中から職場復帰までの間に、以下の内容に留意、注意して行動し、職場復帰を目指してください。

1　休職時の生活リズムについて

　休職中においても、できるだけ就労中と同様の生活リズムを維持するようにしてください。

　適切な生活リズムの維持は休職中の療養の効果を上げるためにも効果的と思われます。

2　職場復帰申請について

　ご自身で無事復調したと感じる場合であっても、職場復帰にあたっては、会社はみなさんご自身の考えだけで職場復帰の可否を判断することはできません。主治医の診断を確認することは必須ですし、場合によっては当社における就労環境を理解している産業医や指定医の診断を求め、会社はそれらを踏まえて、職場復帰の可否を決定します。会社はあなたたち社員に対して安全配慮義務という法的責任を負っており、社員の安全を十分に考慮した上でみなさんに就労していただく必要があります。前項で述べたような、メンタルヘルス不調の再発、事故防止の観点から、慎重に判断をしますので、ご協力のほどよろしくお願いいたします。

3　職場復帰への助走について

　一応、職場復帰が可能とみられる状況でも、無理や拙速な判断は禁物です。会社は、必要に応じて、あなたが通勤可能な状態にあるのかという点を確かめるために1－2週間ほど職場の最寄り駅まで行く、出勤時間帯に公共交通機関を利用するなどのことをお勧めする場合があります。

　さらに、次に試験的に出社をしてみて、職場に在社しても問題ないことを確認する場合もあります。

　会社は、みなさんの状況については、十分に理解する必要がありますので、会社からの指示に従い、適宜、状況を報告してください。

4　最後に

　職場復帰を焦って再発することのないよう、上記1－3を念頭にしてできることから少しずつ進めていき、円滑な職場復帰につなげましょう。

以上

（萩原大吾）

第3章　復職の申出がなされたとき

Q28　慣らし勤務の賃金、規定例

　当社の休職中の社員が来月復職することになりました。まずは試し出勤をさせたのですが、その様子を見ると、一応の復職は可能と思われるものの、復職後は業務負担を減らす必要がありそうです。復職後に業務内容や量について配慮をする必要があるのでしょうか、業務内容を減らした場合、賃金も減らすことはできるのでしょうか。

　復職後、一定期間内に作業遂行能力が通常の業務を遂行できる程度に回復する見込みがある場合、業務負担を軽減した慣らし勤務を認めることが必要と考えられます。また、慣らし勤務時に賃金を減額するのであれば、その旨を規定し、本人の同意を得るのがリスク管理上適切です。

1　慣らし勤務の態様

(1)　裁判例

　本書において、慣らし勤務とは、復職後に主治医の診断書や産業医との面談を基に復帰後の業務内容について軽減措置をとることをいいます。

　そもそも会社は社員に慣らし勤務を認める必要があるのか、という点については、復職を認める要否と密接に関連しているところですが、実質的に慣らし勤務導入の必要性を肯定した綜企画設計事件（東京地判平28・9・28労判1189号84頁）が参考になります。

　この事件では、復職の可否（同事件でいう「復職不能」）が争われたところ、裁判所は、「復職不能」の事由の消滅については、「労働契約において定められた労務提供を本旨履行できる状態に復することと解すべきことに鑑みると、基本的には従前の職務を通常程度に行うことができる状態にある場合をい

う」と指摘しました。それに続けて「それに至らない場合であっても、当該労働者の能力、経験、地位、その精神的不調の回復の程度等に照らして、相当の期間内に作業遂行能力が通常の業務を遂行できる程度に回復すると見込める場合を含むものと解するのが相当である」と判断しています。これは、実質的に慣らし勤務を認めることで従前の職務を行うことができるのであれば復職を認める必要があると判断したものと解されます。

（2）内　容

慣らし勤務の内容は、社員本人の体調、その業務内容によって多様なパターンがありますが、一例としては以下のようなものが挙げられます。

慣らし勤務の内容

・　管理職の場合は管理職務を解く。
・　シフト勤務の場合はシフトを配慮する（夜勤免除など）。
・　エンジニアであれば業務負荷が低いプロジェクトに配置をする。
・　慣らし勤務の期間は1カ月から3カ月程度。

以上のような配慮については、そもそも、法的には、社員は復職時に休職前の業務を行える状態であることが前提であることから、多少不安な要素がある場合であっても、ある程度の配慮が必要となるにすぎないと考えるべきです。そこで、上記のような配慮を可能な範囲で対応することで足りると考えられます。

（3）　規定例

会社が慣らし勤務を認めることを前提として、以下のような内容の規定案を設けることが考えられます。

　会社は、復職した社員に対して、原則として3カ月の期間をもって、慣らし勤務を認めることがある。慣らし勤務は、管理業務の軽減、シフトの変更、プロジェクトの配慮などがあるところ、その内容は個別事情に応じて定めるものとする。
　慣らし勤務の開始又は終了に当たっては、社員は、会社の指示に従い、産業医等の面談を受けるものとする。会社は、この面談等の結果を受けて、慣らし勤務の終了、変更を行うことがある。

133

第3章　復職の申出がなされたとき

2　慣らし勤務の賃金

（1）　原　則

慣らし勤務は復職後に行うものであり、その労務の提供には賃金規程が適用されます。したがって、原則として慣らし勤務には社員休職前の賃金と同額の賃金を支給する必要があります。

（2）　賃金の減額

それでは、慣らし勤務により社員が提供する労務の内容、程度が一定期間にわたり軽減されることを理由に社員の賃金を減額することはできるのでしょうか。

まず、賃金規程は就業規則の一部（労働基準法89条2号）と考えられていますので、個別同意をとって賃金規程を下回る賃金に減額した場合でも、その賃金減額は就業規則の最低基準効（労働契約で定める労働条件が就業規則で定める基準に達しない場合に、その労働条件が無効になります。労働基準法93条、労働契約法12条）により無効となると解されるのが原則です。したがって、慣らし勤務中の賃金減額が想定される場合、就業規則（賃金規程）において、その旨を規定することが望ましいといえます（なお、後述のChubb損害保険事件では最低基準効からの議論はなされていません）。その場合の具体的な規定例は以下のようなものが考えられます。

慣らし勤務を行うに伴い賃金の減額を行う場合、会社は、慣らし勤務期間中の業務の内容、業務の性質の変更、責任の程度などの軽減状況に伴い、合理的な範囲の基本給の減額、及び、管理職手当の不支給の措置などを取ることがある。

（3）　賃金減額が争われた事例

社員が慣らし勤務の期間中の賃金の減額について争われた事件として、Chubb損害保険事件（東京地判平29・5・31労判1166号42頁）があります。

この事件では就業規則に賃金減額の根拠規定がない状況で、社員が慣らし

134

勤務時に基本給1割減額の同意をしていましたが、慣らし勤務は7カ月にわたっており社員はこのような長期になるものとは想定していないという認定がなされています。裁判所は、原告が慣らし勤務開始時に当面短時間勤務となること、および、慣らし勤務期間中の基本給が1割減額となることについて同意していたと認定し、そのうえで、慣らし勤務期間について、原告が自主的に所定労働時間にわたり在社していたこと、慣らし勤務開始4カ月後に主治医の復職可能という診断書が提出されていたことを踏まえて、「リハビリ勤務〔本書でいう慣らし勤務：筆者注〕は遅くとも同年5月末までで足りると認めるのが相当」として、慣らし勤務開始5カ月以降の賃金減額は違法としました。

　この裁判例を踏まえると、想定される慣らし勤務の期間、一定期間延長される場合があること、慣らし勤務の期間中減額する賃金の額などをできるだけ明確にしたうえで、社員の個別同意をとることが重要といえます。その場合の個別同意については、紛争防止の見地から、慣らし勤務の期間、慣らし勤務の内容、賃金の減額内容を明記した同意書を確保するとよいでしょう。なお、賃金規程に慣らし勤務期間中の減額が規定されているかは、最低基準効の観点からやはり重要です。

3　まとめ

　慣らし勤務は休職中の社員が復職する際の特別な対応となりますが、その内容や賃金の変更方法を就業規則で規定していないと、紛争時に社員との個別合意の効力が否定される可能性が十分あります。

　慣らし勤務のある程度の内容や賃金の減額について規定を設けたうえで、慣らし勤務の内容や減額した賃金などを記載した個別同意書の確保が重要です。

第3章　復職の申出がなされたとき

【書式17】就業規則例（復職）

（復職）

第○条　第○条に定める休職事由が消滅した社員について、会社は原則として休職前の旧職務に復帰させる。ただし、以下各号に該当する場合、会社は職務内容や就業場所を変更することがある。

① 休職事由が消滅後も、後遺症その他復調が完全でないため旧職務を遂行することができない場合

② 休職前の等級等が定める職務遂行が困難と認める場合

③ その他各号に準じる場合

2　前項に基づき、職務内容や就業場所を変更する場合、または当該社員の心身の状態等から業務及び責任の軽減、労働時間の短縮などの措置を取る場合、会社は当該社員を配転または降格し、それに基づき異動または給与の変更措置を行うことがある。

（慣らし勤務）

第○条　会社は、復職した社員に対して、原則として3カ月の期間をもって、慣らし勤務を認めることがある。

2　慣らし勤務は、管理業務の軽減、シフトの変更、プロジェクトの配慮などがあるところ、その勤務の内容は個別事情に応じて定めるものとする。

3　慣らし勤務を受けるにあたっては、社員は、会社の指示に従い、産業医等の面談を受けるものとする。会社は、この面談等の結果を受けて、慣らし勤務の終了、変更、延長を行うことがある。

4　慣らし勤務を行うに伴い賃金の減額を行う場合、会社は、慣らし勤務期間中の業務の内容、業務の性質の変更、責任の程度などの軽減状況に伴い、合理的な範囲の基本給の減額、及び、管理職手当の不支給の措置などを取ることがある。

（復職後の対応）

第○条　社員は、復職後、必要に応じて、産業医と面談をし、また、会社に健康状態、業務の状況等を報告すること。

2　社員は、復職後に慣らし勤務を希望する場合、産業医との面談の後に慣らし勤務を申請することができる。会社はその要請を検討する。

（プライバシーの保護）

第○条　職務上、社員の個人情報を取り扱いまたは知りうる者は、その情報を上司等の指示なく、第三者に漏らしてはならない。

2　職務上、他の社員の個人情報を取り扱いまたは知りうる者は、別に定める個人情報保護規程に基づいてその情報を取り扱わなければならない。

（診断書等の費用負担）

第○条　休職、復職、および、これらに準ずる手続に必要な診断書等の費用負担は原則として以下のとおりとする、

Q28　慣らし勤務の賃金、規定例

　(1)　社員負担
　　社員本人の希望による休職の申し出に必要な診断書の発行に必要な費用、主
　治医の受診に必要な交通費、入院費、通勤訓練、試し出勤にかかる費用、本人
　の希望により利用する施設の費用、その他治療及び健康回復のために必要な費
　用
　(2)　会社負担
　　社員の主治医以外の会社指定医への受診、これに必要な旅費、診断書作成費
　用、医療情報提供にかかる費用、会社への報告等に必要な郵送費など休職や復
　職等の判断に関する会社が必要として求めるもの
2　前項以外の費用は、社員本人の負担とする。

【書式18】確認書例（慣らし勤務）

　　　　　　　　　　　　　　　　　　　　　　　　　　　　　年　月　日
　○○○○殿

　○○年○月○日付で貴殿が復職するに際し、以下の内容で３カ月間の慣らし勤務
を実施します。

　慣らし勤務期間　　　　　　○○年○月○日から○○年○月○日まで
　就労場所及び業務内容　　　○○○○○○○○○
　注意事項　　　　　　　例　残業時間は週に10時間までとする。
　　　　　　　　　　　　　　管理業務は行わないものとする。
　賃金　　　　　　　　　　　就業規則○○条○項に基づく
　　　　　　　　　　　　　　上記期間中の賃金　○○○○円

　私、○○○○は上記の慣らし勤務の内容について十分に説明を受け、その記載内
容について同意します。

　日付　　　　年　月　日
　氏名

（萩原大吾）

137

第3章　復職の申出がなされたとき

Q29　リハビリ勤務を復職扱いとすべきか

当社の休職中の社員から復職に向けて勤務できるか確認したいという申出がありました。当社ではこのような確認についての前例はありませんが、このような確認は復職後に行うということでよいものでしょうか。

　　法律上、通常どおり出勤や勤務ができるかどうかの確認についての規定はないため、休職中に行うことも復職後に行うことも可能ですが、復職の可否の判断に活用するためにはまずは休職中であることを前提に実施するほうが適切です。

1　リハビリ勤務とは

（1）定　義

リハビリ勤務については法律上の規定はないため、さまざまな議論がなされているところですが、本書では、休職期間中であることを前提に「試し出勤」と同様の意味、すなわち休職期間中に社員が会社に出社し、数時間程度から所定労働時間内の在社をし、または軽作業に従事することとします（Q25参照）。

この場合、社員は休職期間中にリハビリ勤務を行うことになります。

（2）裁判例

それでは、リハビリ勤務の取扱いが不明確なまま行われた場合には、どのようなリスクがあるでしょうか。

この点については、1つの事例として西濃シェンカー事件（東京地判平22・3・18労判1011号73頁）があります。同事件の主要な事実関係は以下のとおりです。

138

Q29 リハビリ勤務を復職扱いとすべきか

> **西濃シェンカー事件の事実関係**
>
> ・ 平成19年9月25日から原告は「制限勤務」という文言でリハビリテーションの一環として、おおむね週に3日程度、1日約2時間30分程度、人事部で作業に従事していた。
> ・ 原告が担当すべき作業は予め割り当てられておらず、適宜、郵便物の宛名のラベルの作成、バインダーに貼付するラベルシールの作成等で、被告による作業の評価はなかった。
> ・ 休職期間満了日は平成19年9月25日。
> ・ 制限勤務の間、被告（会社）は原告に賃金や通勤手当を支払っていない反面、原告は傷病手当金を平成20年10月まで受給していた。

　以上の事実関係を前提として、裁判所は平成19年9月25日の時点で被告（会社）は原告（社員）の休職期間を平成20年10月末まで延長したものと判断したうえで、原告の作業内容からすると「労働契約に基づく労務の提供と評価することは到底できないのであって、その実態は、まさにリハビリテーションのために事実上作業に従事していたという域をでないものといわざるを得ない」と指摘し、原告は復職可能な状態ではないと判断しました。

（3）　明確な取決めをしないで行われた試し出勤のリスク

　前掲・西濃シェンカー事件は、会社と社員の明確な取決めなく試し出勤を認めた場合、会社が社員に賃金を支払っていない反面、社員が傷病手当金を受領していたこと、社員の作業内容が休職前の業務とは大幅に異なり、リハビリテーション的な業務にすぎない内容であることなどを重視して、その試し出勤は復職前の休職期間中に行われたものと判断し、双方の合意により休職期間を延長したと判断しています。

　このように、試し出勤が規定化されていないと復職の可否をめぐる紛争となった場合に試し出勤自体が復職を認めたものと争われるリスクがあります。

　そこで、試し出勤を認めるのであれば、事前に規定をつくり対応するのが適切です。また、試し出勤が目前に迫っていて規定化する時間がないような場合であれば、試し出勤は休職中に行われるものであること、無給であること、労働災害の適用はないこと、通勤手当は出ないことなどの内容を書面に

第3章　復職の申出がなされたとき

まとめ、社員の署名を得た個別合意書を取得したうえで試し出勤を認める必要があります。これにより、将来、復職をめぐる紛争が発生した場合、この書面を利用して試し出勤は休職中に行われたものであると説明することができます。

（4）賃　金

なお、試し出勤期間中に社員が何らかの作業をした場合、賃金規程に基づく賃金を支払う必要はないと解されます。しかしながら、その作業内容により会社が利益を享受したのであれば、その作業に対し最低賃金額相当の賃金を支払う義務を負う場合があります（労働基準法11条、13条、28条、最低賃金法2条、4条1項・2項）。

2　慣らし勤務について

以上の試し出勤とは異なり、法律上は復職した後に、就労を継続できるかを確認する場合には、慣らし勤務として確認することになります。この場合には、復職後ですので、少なくとも勤務時間に応じた賃金を支給することになります。この段階で不調が再発する場合も少なくありませんので、試し出勤等で十分本人の確認を経た後に慣らし勤務に入っていただければと思います。

3　まとめ

リハビリ勤務や試し出勤はその文言にこだわらず、その規定や内容により復職前後に行うものかどうかが判断されます。そこで、リハビリ勤務や試し出勤を行うのであれば、事前に規定化するのが望ましいところですが、時間的に間に合わない場合には書面によりその内容を明確にしたうえで会社と社員の双方の合意をもって行う必要があります。

Q29 リハビリ勤務を復職扱いとすべきか

【書式19】確認書例（リハビリ勤務）

年　　月　　日

○○○○殿

　あなたの復職の可否の判断に参考にするために、復職に先立ち、以下の内容で２週間の試し出勤を実施します。

期間　　　　○○年○月○日から○○年○月○日まで
就労場所　　○○
業務内容　　読書、書類整理等の軽作業その他協議で決めた事項
注意事項
・　今回の試し出勤は、あなたの復職の可否の判断のために実施するものですが、あくまで休職期間中の試行であり、あなたに出勤する義務、出勤後に在社する義務、軽作業に従事する義務はいずれもありません。
・　心身の調子が悪い場合には、速やかに出勤を中止、又は作業の中止を申し出、退社をしてください。
・　復職の可否の判断のための試し出勤であるので、別途合意をした場合を除いて、作業に対する賃金は発生しません。
・　試し出勤の実施は、あくまであなたの復職の可否を判断するための参考に実施するものであり、試し出勤後の復職をお約束するものではありません。
・　貴殿の出社、作業の状況をみて、試し出勤期間をさらに延長することがあります。

　私、○○○○は上記のリハビリ勤務の内容について十分に説明を受け、その記載内容について同意します。
日付　　　　年　　月　　日
氏名

（萩原大吾）

第3章　復職の申出がなされたとき

③　復職時の業務内容・労働条件

Q30　復職時の業務内容をどのようにすべきか

メンタルヘルス不調で1年間休職をしていた社員がこの度復職することになりそうです。復職の日から休職前に従事していた業務をすべて担当することでよいでしょうか。また、その社員が休職前に従事していた業務については、休職中に、後任担当者が異動してきており、当該社員の復職に合わせて再度異動させるのではなく、当該社員を違う部署で復職させることを考えていますが、そのような対応に問題はないでしょうか。

> **A**　労働契約の範囲内であれば、従前の職務ではない業務への復職も可能ですが、産業医や主治医に配慮すべき事項やその程度等を確認し、復職者の理解も得るようにしたほうがよいです。また、従前の職務に復職させる場合でも、一定の配慮をしつつ、再発のリスクを減らすような配慮はしたほうがよいです。

1　労働契約の債務の本旨との関係

労働契約は、労働契約の義務（債務の本旨）を社員が履行することにより、会社が賃金を支払う義務を負うものです（労働契約法6条）。休職は、社員に債務の本旨に従った労務の提供が不能な場合に、会社として、労働契約を維持しつつ、労務の提供を免除する措置を意味します。以上から、復職は、休職者が債務の本旨に従った労務の提供ができる状態に至っていることが必要となり、傷病休職事由の消滅事由である「治癒」も、原則として、「従前の職務を通常の程度に行える健康状態に回復した時」と解され、それに達しない場合には、ほぼ平癒していたとしても、「治癒」には該当せず、復職は認

142

められないと解されています。

2 「従前の職務」とは

「従前の職務」とは、その社員が休職に入る前に担当し、従事していた直近の業務を指すのが原則です。よって、社員が休職に入る前に担当していた直近業務について、それを「通常の程度に行える健康状態」までに回復している場合には、「治癒」したものとして、復職を命じることになります。そして、復職を命じる業務もまた、「従前の職務」となるのが原則です。ただし、復職当日から休職前に従事していた業務をすべて担当することは、再発の危険が増すので、業務量の調整等をすべきでしょう。また、復職時に産業医や主治医から復職直後については、時間外・休日・深夜労働、出張やシフト制勤務を制限すべきであるといった一定の配慮をすべきとの意見が付くことも多く、その内容も考慮すべきでしょう。その一方で、その社員の休職期間が一定程度の期間に及んでいる場合、別の社員がその業務に従事していることも多いはずです。後任の社員を再度異動させることで、業務効率が落ちるなどの事情がある場合、会社としては、復職者を別の業務に従事させることを考えることもあるでしょう。

復職者を休職前の業務以外で復職させる場合、労働契約の範囲内であれば問題ありませんが、産業医および主治医に問題ないことや配慮すべき事項を確認しておき、復職する社員にも理解と同意（同意がなければ対応できないというわけではありません）をさせるような対応をとるようにしたほうがよいでしょう。メンタルヘルス不調で休職していた社員は、「治癒」していても、通常業務から一定期間離れていたことから、不安を抱いていますので、上記のような配慮および確認は必要でしょう。また、復職する本人だけでなく、受け入れる側の部署の管理職に対しても、メンタルヘルス不調からの復帰であること、産業医や主治医からの注意事項等を説明し、理解させるような対応をすべきでしょう。 　　　　　　　　　　　　　　　　　　（根本義尚）

第3章　復職の申出がなされたとき

Q31　職種限定がなく、従前の業務ができない場合の対応

　職種や業務内容を限定する契約をしていない正社員として勤務している社員がメンタルヘルス不調で1年近く休職していますが、もう少しで休職期間満了により退職になりそうです。そうしたところ、その社員から、休職直前に従事していた業務を通常の程度に行えるレベルまで健康状態は回復していないものの、1日3時間勤務のパートタイマーが行っている清掃作業、シュレッダー作業についてはできるので、復職したいとの申出を会社にしてきました。会社は、このような申出を受け入れなければならないのでしょうか。

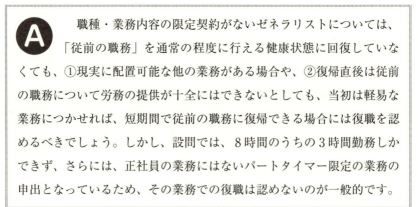

　　　　職種・業務内容の限定契約がないゼネラリストについては、「従前の職務」を通常の程度に行える健康状態に回復していなくても、①現実に配置可能な他の業務がある場合や、②復帰直後は従前の職務について労務の提供が十全にはできないとしても、当初は軽易な業務につかせれば、短期間で従前の職務に復帰できる場合には復職を認めるべきでしょう。しかし、設問では、8時間のうちの3時間勤務しかできず、さらには、正社員の業務にはないパートタイマー限定の業務の申出となっているため、その業務での復職は認めないのが一般的です。

1　「治癒」の原則論

　傷病休職事由の消滅事由である「治癒」とは、原則として、「従前の職務を通常の程度に行える健康状態に回復した時」をいうと解されています。このレベルに達しない場合には、ほぼ平癒していたとしても、「治癒」には該当しないため、会社は復職希望者の復職を認めなくて構わないということになります。この解釈は、「債務の本旨」の履行によって賃金支払い義務が発

144

生するという労働契約の帰結ともいえます。

　そうなると、休職が継続し、賃金が不支給のままとなり、休職期間が満了すれば、雇用を喪失することになります。しかし、会社にはいろいろな部署があり、仕事も多種多様となっている中、社員も職種を限定されていない場合、そのような帰結に直結させてよいのか、という疑問を生じることがあります。休職期間前に従事していた業務が難易度の高いものであったり、当該社員の症状からすると、「通常の程度に行える」レベルには届いていないが、他の仕事であればできる……というような場合などです。会社は、職種限定契約となっていない社員（以下、「ゼネラリスト」といいます）に対して、広い範囲で配転を命じる裁量権を有しているところ、その点は、復職の場面で考慮されないのか、という疑問も生じます。

2　職種・業務内容の限定特約がない場合の「治癒」の考え方

　この疑問に対し、最高裁は、「現に就業を命じられた特定の業務について労務の提供が十全にはできないとしても、その能力、経験、地位、当該企業の規模、業種、当該企業における労働者の配置・異動の実情及び難易等に照らして当該労働者が配置される現実的可能性があると認められる他の業務について労務の提供をすることができ、かつ、その提供を申し出ているならば、なお債務の本旨に従った履行の提供がある」（片山組事件（最判平10・4・9判時1639号130頁）、下線は筆者。以下、同じ）との答えを出しています。

　ゼネラリストについては、「従前の職務」を通常の程度に行える健康状態に回復していなくても、「その能力、経験、地位、当該企業の規模、業種、当該企業における労働者の配置・異動の実情及び難易等に照らして当該労働者が配置される現実的可能性があると認められる他の業務」を通常の程度に行える健康状態に回復している場合には、「治癒」に該当するとして、会社は、休職者の申出があれば、「他の業務」への復職を認めなければならなくなるということになります。

145

第3章　復職の申出がなされたとき

　もっとも、ゼネラリストであれば、他の業務についての労務提供が健康上可能でその提供を申し出さえすれば、必ず復職が認められるということにはなりません。あくまでも、「他の業務に配置される現実的可能性がある」場合に限られます。たとえば、新たに部署や業務を創設する必要がある場合、復職希望者指摘の業務は同人の雇用形態ではなく、パートタイマーのみが取り扱っている業務である場合（総合職であれば、総合職の中での業務の検討で足りるということです。伊藤忠商事事件（東京地判平25・1・31労経速2185号3頁））、ゼネラリストの業務の範疇ではあるものの、その一部を取り出した軽易業務にすぎない場合（イメージとしては、労働基準法65条3項所定の妊婦による軽易業務への転換請求。ただし、下記3の例外もあります）などについては、「他の業務」としては、否定されるものと解されます。

　なお、双極性障害で休職し、その後、休職期間満了によって退職となった前掲・伊藤忠商事事件において、裁判所は、総合職（営業職・管理系業務）としての業務は、「社内外の関係者との連携・協力が必要であり、その業務遂行には、対人折衝等の複雑な調整等にも堪え得る程度の精神状態が最低限必要とされる」などと指摘し、ケガや内臓疾患等とは異なるメンタルヘルス不調休職者の復職の難しさを示す判断をしており、実務上も参考になります。

3　現実的な対応と近年の裁判所の考え方

　ゼネラリストについては、上記2の考え方で整理ができるのですが、前掲・片山組事件最高裁判決以降、裁判所は、下記①②の場合には「治癒」に該当するとの判断傾向にあり、実務上、「治癒」、復職に際しては、一定の「配慮」

裁判所が「治癒」として復職を認める傾向がある場合

①　労働者からの申出があり、配置される現実的可能性があると認められる他の業務について労務の提供ができる場合
②　復帰直後は従前の職務について労務の提供が十全にはできないとしても、当初は軽易な業務につかせれば、短期間で従前の職務に復帰できる場合

146

をすべきであるとの考え方が主流になってきている点に注意が必要です。

　前述のとおり、メンタルヘルス不調休職者の復職は、ケガや内臓疾患等とは異なり、再発のリスクが高く、また、割り切った対応が難しい面が多く、一定の配慮を行ったとしても、しっかりと復職できないことが多いのも事実です。しかし、裁判所は、雇用喪失の場面では、会社が丁寧な対応を行っているかどうかを結論に影響させる傾向にあるため、丁寧かつ配慮を行う対応をすべきであると考えておくべきでしょう（前掲・キヤノンソフト情報システム事件判決など）。

　②の「当初は軽易な業務につかせれば、短期間で従前の職務に復帰できる場合」について、裁判例の中には、具体的に、２カ月～３カ月と指摘するものもあり（北産機工事件（札幌地判平11・9・21労判769号20頁））、参考になります（メンタルヘルス不調に関する事案で６カ月間、半分の業務量とする配慮が必要であるとの診断書が問題となった独立行政法人Ｎ事件（東京地判平16・3・26労判876号56頁）がありますが、長すぎると思います。この事案でも結論としては雇用喪失は有効であるとの判断となっています）。

　年次有給休暇を20日～30日（１カ月～２カ月程度）消化、病欠期間２カ月～３カ月、休職期間１年となれば、すでに１年半程度の猶予期間を与えてきた会社としては、さらに、３カ月も追加で配慮をする必要があるとなると、会社にとって相当な負担であるとは思います。しかし、病気、さらには、生涯を通じて５人に１人程度の割合で罹患する可能性がある「心の病気」ということもあり、裁判所も、会社が丁寧な対応をとったかということを重視するものと思われ、その点を考慮のうえで、対応していく必要があるものと思います。

（根本義尚）

第3章　復職の申出がなされたとき

Q32　従前の業務ができない場合の賃金引下げ

　メンタルヘルス不調により休職している社員が復職することになりました。ただ、復職前に従事していた業務が行えない場合に賃金（基本給、職能給、職務給、役職手当、定額残業代等）を引き下げることができるでしょうか。

　　　　就業規則等の定めによります。就業規則を下回ることはできませんが、合意により賃金を引き下げることはできます。

1　原則

　復職後の賃金については、就業規則（給与規程を含みます。以下同じ）および雇用契約、合意の内容によります。
　他方で、就業規則には最低基準効（労働契約で定める労働条件が就業規則で定める基準に達しない場合に、その労働条件が無効になります。労働基準法93条、労働契約法12条）があり、就業規則を下回る合意をしても法的には無効です。

2　基本給等の引下げ

　基本給等の賃金一般について、就業規則で引下げの要件と効果（どのような場合にいくら下がるか）が定められていれば賃金を引き下げることができると考えられます。ただ、そのような定めがあるケースはまれです。
　労働契約法8条は、労使の合意によって労働条件を変更できる旨を定めており、労使が合意すれば基本給等を引き下げることができます（【書式20】確認書参照）。その場合でも、就業規則を下回ることができないのは前述のとおりです。
　なお、合意にあたっては、形式的な合意を得るだけでなく使用者が十分な説明をすることが必要と考えられる点に注意が必要です（就業規則に定めら

れた賃金や退職金に関する労働条件の変更に対する労働者の同意ついて山梨県民信用組合事件（最判平28・2・19民集70巻2号123頁）、部長級に即戦力として採用された者をその仕事ぶりから課長級に降格し、それに応じた給与の減額に関する同意についてユニデンホールディングス事件（東京地判平28・7・20労判1156号82頁）、妊娠、出産を契機とする有期雇用契約への転換に関する同意についてフーズシステムほか事件（東京地判平30・7・5労判1200号48頁））。

3　役職・職位および役職手当の引下げ

　営業所長を営業社員に降格する場合や、部長を一般職へ降格する場合のように、一定の役職・職位を解く降格については、就業規則に根拠規定がなくても、権利濫用にならない限り、人事権の行使として裁量的判断により可能とされています（菅野和夫＝山川隆一『労働法〔第13版〕』679頁、東京都自動車整備振興会事件（東京高判平21・11・4労判996号13頁）、空知土地改良区事件（札幌高判平19・1・19労判937号156頁）等）。

　また、「職位」の引下げの結果として、職位に伴って支給されていた手当等の支給を打ち切ることも許されるとされています（エクイタブル生命保険事件（東京地決平2・4・27労判565号79頁）、星電社事件（神戸地判平3・3・14労判584号61頁）等）。そのため、たとえば、給与規程で役職手当は所定の役職についている期間にのみ支給すると定めており、復職後に所定の役職から外れた場合、役職手当が支給されなくなることには争いはないでしょう。

　同様に、給与規程で役職や等級ごとに基本給の幅が定められ（たとえば、課長は月額30万円〜40万円、部長は月額40万円〜50万円）、役職や等級が引き下げられた場合に引き下げられた役職や等級ごとに定められた基本給の最高額が適用される旨が定められていれば、基本給月額50万円の部長から課長に降職となった場合に課長の基本給の最高額である40万円を適用できると考えます。

149

第3章　復職の申出がなされたとき

4　職務内容・勤務場所の変更に伴う賃金の引下げ

　職務内容・勤務場所の変更については、就業規則で使用者の配転命令権が定められ、社員との間に職種や勤務場所を限定する合意がなければ、権利濫用にならない限り、人事権の行使として裁量的判断により可能とされています（東亜ペイント事件（最判昭61・7・14労判477号6頁））。

　ただし、職務内容・勤務場所が変わったからといって直ちに賃金が引き下げられるわけではありません。

　就業規則上、業務内容によって基本給が決まっている場合（いわゆるジョブ型雇用の場合など。たとえば、営業職の基本給が30万円、事務職の基本給が25万円と定められており、営業職の業務を行えず、事務職となったため、基本給が25万円になる場合）に、業務内容が変わればそれに応じて基本給が変わる可能性があります。

　また、就業規則上、勤務場所によって賃金（地域手当、地域加給等）が決まっている場合、勤務場所が変わればそれに応じて賃金が変わる可能性があります。

5　実務対応

　就業規則で各手当の支給条件、支給金額が細かく定められている場合、特段の合意をしなくても復職後の状況に応じた賃金を支払うことができる可能性があります。

　ただ、多くの企業ではそこまで細かい定めはなく、以下の確認書（【書式20】）のような形で復職後の労働条件や賃金を合意することが考えられます。

　給与規程では、合意が最低基準効に反しないように、たとえば、定額残業代について残業を行わない場合支給しないと定めておく（【書式6】参照）など、合意により所定の手当を支給しない余地を残せるよう留保を定めておくと使いやすいと思います。

150

Q32　従前の業務ができない場合の賃金引下げ

【書式20】確認書（復職後の労働条件・賃金）

株式会社○○○○
代表取締役　○○　○○　殿

確認書

　令和○年○月○日付で復職するにあたり、100％の力を出せず80％の力で仕事をせ
ざるを得ず、時間外労働を行える状況ではないことに鑑み、当面は○○の役職から
外れ、役職手当及び定額残業代を支給しないなど下記のとおり給与を変更すること、
今後も体調等を見ながら業務、賃金額等について見直す可能性があること、復職か
ら12カ月以内である令和○年○月○日までの間に従前の休職事由である抑うつ、不
安状態または同類の事由により十分な労務の提供ができないと御社が判断した場合、
労務の提供を拒否される可能性があること、体調に異変を生じた場合に貴社に申告
することを確認します。

記

	現在の労働条件	復職後の労働条件
業務内容	○○業務	○○業務
役職	○○長	なし
基本給	○○万○○○○円	○○万○○○○円
役職手当	○万○○○○円	0円
定額残業代	○万○○○○円	0円
○○手当	○万○○○○円	○○万○○○○円
計	○○万○○○○円	○○万○○○○円

令和　　年　　月　　日

住所
氏名　　　　　　　　　　　　　　　　印

（村田浩一）

Q33 職種限定があり従前の業務ができない場合

職種や業務内容を限定する契約を締結している社員がメンタルヘルス不調で休職していたところ、もう少しで休職期間満了となります。従前の職務ができる状態ではなく、他の業務であれば就労可能であるとのことですが会社として、何らかの対応等を検討する必要はあるのでしょうか。

原則として、限定職種・業務内容を通常の程度に行える健康状態に回復していなければ復職を認める必要はないですが、例外的な配慮として、会社経営上、ほとんど負担のない範囲で他に現実に配置可能な業務があるのであれば、提示することも検討すべきです。

1 「治癒」の原則論

傷病休職事由の消滅事由である「治癒」とは、原則として、「従前の職務を通常の程度に行える健康状態に回復した時」をいうと解されています。その結果、このレベルに達しない場合には、ほぼ平癒していたとしても、「治癒」には該当しないため、会社は復職希望者の復職を認めなくて構わないということになります。

Q31で述べた職種・業務内容の限定契約がない社員（ゼネラリスト）の場合には、前掲・片山組事件最高裁判決を受けて、①現実に配置可能な他の業務がある場合や②復帰直後は従前の職務について労務の提供が十全にはできないとしても、当初は軽易な業務につかせれば、短期間で従前の職務に復帰できる場合には、復職を認めるべきであるとの判断傾向にあります。

しかし、設問のケースは「職種・業務内容の限定契約あり」ということですので、上記例外、配慮等は妥当せず、原則どおり、労働契約に基づく債務の本旨に従った履行の提供となる特定された職種の職務に応じた労務の提供

ができる健康状態に回復していない場合には、「治癒」に該当せず、復職は認められないと解することになります。

2 「職種・業務内容の限定契約あり」の場合の配慮

もっとも、職種・業務内容の限定契約がある場合であっても、「他に現実に配置可能な部署ないし担当できる業務が存在し、会社の経営上もその業務を担当させることにそれほど問題がないときは、債務の本旨に従った履行の提供ができない状況にあるとはいえない」と判断した裁判例が出ています（カントラ事件（大阪高判平14・6・19労判839号47頁）、下線は筆者。以下同じ）。

この下線部分を見ると、前掲・片山組事件最高裁判決と似ているのではないかとの疑問が生じますが（Q31・145頁参照）、その内容は、大きく異なるものです。そもそも、職種・業務内容の限定契約がある場合には、限定された職種・業務に限って労働契約の内容になるので、それ以外の業務への従事は労使ともに想定していないところです。そのため、上記判決でも、「他に現実に配置可能な部署ないし担当できる業務が存在」することに加え、「会社の経営上もその業務を担当させることにそれほど問題がない」との大きな限定を加えているのです。この点は、会社にほとんど負担がないと評価できる場合に限定されるものであるといい換えてもよいと思います。具体的には、長距離トラックの運転手として職種を限定された契約であったが、就業規則上、他の職種への変更も予定されていて、近距離運転業務が可能であるような場合をイメージしていただければわかりやすいと思います。

なお、職種・業務内容の限定契約がある場合で、その業務を通常の程度に行える健康状態に回復したとまでいえない場合で、上記の例外にも該当しないようなケースでも、実務上は、復職希望者ができそうな何らかの業務を提示するなどの配慮をしているケースが多いと思います（もちろん、業務があり、人手が必要である場合に限ります）。

（根本義尚）

第 3 章　復職の申出がなされたとき

Q34　短時間であれば復職できるとの診断書が提出された場合の対応

　主治医作成の「短時間勤務であれば就労可能」といった診断書が復職希望者から会社に提出されました。しかし、当社の所定労働時間は 8 時間ですので、その時間、休職期間前の職務に従事できる健康状態でなければ、治癒とはいえず、復職を拒否してもよいと理解してよいでしょうか。

　Ⓐ　　原則として、復職させる必要はないものの、就業上の配慮として短期間であれば、短時間勤務を認めたうえで復職させることも検討の余地があります。ただし、短時間勤務が一定期間必要であるということであれば、復職のうえ、業務軽減を一定期間に限り認める「慣らし勤務」の範疇として対応するべきです。

1　休職事由の消滅事由である「治癒」とは

　傷病休職事由の消滅事由である「治癒」とは、原則として、「従前の職務を通常の程度に行える健康状態に回復した時」をいいますので、ほぼ平癒していたとしても、「治癒」には該当しません。この解釈は、「債務の本旨」の履行によって賃金支払い義務が発生するという労働契約の帰結といえます。

　そのため、復職希望者から会社に対し、短時間であれば「復職可能」「就労可能」といった主治医作成の診断書が提出されても、休職事由が消滅したことにはならないことから、会社としては、短時間勤務の業務をつくり出して復職させる必要はないというのが原則になります。

2　現実的な対応と近年の裁判所の考え方である「配慮」

　Q31で指摘した片山組事件最高裁判決の判断およびその後の裁判所の判断

154

傾向（下記①②は「治癒」として復職を認めるべきとの判断傾向にあります）との兼ね合いを考える必要が出てきます。

裁判所が「治癒」として復職を認める傾向がある場合

① 労働者からの申出があり、配置される現実的可能性があると認められる他の業務について労務の提供ができる場合
② 復帰直後は従前の職務について労務の提供が十全にはできないとしても、当初は軽易な業務に就かせれば、短期間で従前の職務に復帰できる場合

また、厚生労働省作成の手引きは、「職場復帰における就業上の配慮」として、以下の内容を指摘しています。その中では、「短時間勤務」や「軽作業」といった指摘もあります。

職場復帰における就業上の配慮

短時間勤務／軽作業や定型業務への従事／残業・深夜業務の禁止／出張制限（顧客との交渉・トラブル処理などの出張、宿泊をともなう出張などの制限）／交替制勤務制限／業務制限（危険作業、運転業務、高所作業、窓口業務、苦情処理業務等の禁止または免除）／フレックスタイム制度の制限または適用（ケースにより使い分ける）／転勤についての配慮

そこで、債務の本旨に基づく労務の提供はできないものの、この「配慮」の範疇として、復職を認めるという対応をとることが現実的な対応になってくるのではないかと思います。

しかし、この短時間勤務での就労が一定期間必要であるということであれば、通常の復職としての対応ではなく、復職のうえ、業務軽減を一定期間に限り認める「慣らし勤務」（Q25参照）として対応することが適切ではないかと思います。

（根本義尚）

第3章　復職の申出がなされたとき

Q35 テレワークであれば復職できるとの診断書が出された場合の対応

メンタルヘルス不調で休職していた社員から、同じ部署の同僚がテレワークをしていることを知ったようで、突如、「テレワークであれば業務可能」と記載された主治医の診断書を提出し、復職したいとの申出がありました。会社としてこのような要求に応じる義務はあるのでしょうか。仮に、テレワークによる復職を認める場合の注意点はありますか。

A 　就業規則上どのように定められているかによってテレワークでの復職を認める義務が生じるか否かが決まります。また、義務が生じる場合でなくても、社員への配慮として、生活リズムが安定していることを確認のうえ、週の半分以上は出社を義務付けるなどの条件付きで認めることもあり得ます。

1　テレワークとは

テレワークとは、「情報通信技術（ICT = Information and Communication Technology）を活用した時間や場所を有効に活用できる柔軟な働き方」をいうとされ、〔表4〕のとおり3つの類型に分けられます。

〔表4〕テレワークの区分

在宅勤務	所属する勤務先から離れて、自宅を就業場所とする働き方
サテライトオフィス勤務	本拠地のオフィスから離れたところに設置した部門共用オフィスで就業する施設利用型の働き方
モバイル勤務	移動中の交通機関や顧客先、カフェ、ホテル、空港のラウンジなどを就業場所とする働き方

（厚生労働省「テレワーク総合ポータルサイト」より抜粋）

156

令和2年2月以降の新型コロナウィルス感染症（COVID-19）の感染拡大、度重なる緊急事態宣言等の影響を受け、多くの企業がテレワークでの就労を認めるようになり、令和5年5月にCOVID-19の感染法上の位置付けが5類へ移行された後も、業種によっては、一定の範囲において、テレワークでの就労は続いています。そのようなことから、メンタルヘルス不調で休職していた社員が「テレワークであれば復帰できる」と主張し、その旨の記載のある診断書を提出してくるケースが多くなっています。このような場合の対応に苦慮した会社もあるのではないでしょうか。

2 就業規則による定めによる分類

検討に入る前に、まず、そもそも、「職場に出勤するのであれば復職はできないが、テレワークであればなぜ復職可能なのか？」、皆さんもここに大きな疑問を抱くと思います。そして、診断書には、「テレワークであれば就労可能」といったことくらいしか記載がなく、その医学的根拠が不明な場合が多く、会社としても対応に苦慮されるものと思います。

そこで、まずは、上記下線記載について、主治医にその医学的根拠を明らかにするよう求めるべきです。それと並行して、就業規則の定めなどを確認してください。仮に、医学的な根拠が明確になったとしても、会社として、テレワークでの復職を認めなければならない法的義務が生じるケースは非常に例外的な場合となりますので、落ち着いて対応しましょう。

（1） テレワークが就業規則上定められていない場合

労働契約は、労働契約の義務（債務の本旨）を社員が履行することにより、会社が賃金を支払う義務を負うものです（労働契約法6条）。テレワークが就業規則に定められていなければ、そもそも、労働契約の一部でもないので、復職希望者からのテレワークでの復職の申出に応じる必要はありません（日東電工事件（大阪高判令3・7・30労判1253号84頁））。

第3章　復職の申出がなされたとき

（2）　テレワークが就業規則上、社員の希望により認められている場合

この場合は、テレワークが「債務の本旨」の一部になってしまっている可能性があることから、会社は、規則での定めの範囲において、復職希望者からのテレワークでの復職の申出に応じる義務が生じかねない状況になってしまっている危惧があります。特に、下記（3）で指摘する「会社の許可」という留保なく、社員の希望によってテレワークを認める旨の定めをしている場合は要注意です。そして、社員の希望のみで、週5日のテレワークを認める定めとなっている場合には週5日、週3日までの場合には、その限度で、会社には、テレワークによる復職を認める義務が生じてしまうことになります。

（3）　テレワークは就業規則上、会社の許可が必要である場合

COVID-19の感染拡大以降、テレワークを規則で制度化した会社のほとんどがこのカテゴリーに入るのではないでしょうか。

なお、テレワークを就業規則で定める場合、「出社して通常業務の遂行ができる健康状態であること」を許可条件の1つに入れておくべきです。

（A）　原　則

就業規則において、テレワークでの業務遂行は、あくまで、会社の許可が必要であるとの定めになっている場合です。この場合、復職希望者において、「テレワークでの復職」を希望し、その旨の診断書を提出したとしても、当該社員の労働契約上の「債務の本旨」とはいえず、会社には、それに応じるべき義務があるとはいえないのが原則となります。これは、復職時に「軽易業務であれば就労可能である」、「短時間勤務であれば就労可能である」との診断書が提出された場合に、会社がそれに応じて軽易業務を創設する義務がないことと同じことです。

（B）　例外・配慮

Q31で指摘した片山組事件最高裁判決の判断およびその後の裁判所の判断傾向（下記①②は「治癒」として復職を認めるべきとの判断傾向にあります）というものとの兼ね合いを考える必要が出てきます。

158

Q35 テレワークであれば復職できるとの診断書が出された場合の対応

裁判所が「治癒」として復職を認める傾向がある場合

① 労働者からの申出があり、配置される現実的可能性があると認められる他の業務について労務の提供ができる場合
② 復帰直後は従前の職務について労務の提供が十全にはできないとしても、当初は軽易な業務に就かせれば、短期間で従前の職務に復帰できる場合

　また、厚生労働省作成の手引きは、「職場復帰における就業上の配慮」として、以下の内容を指摘しています。その中では、「短時間勤務」や「軽作業」といった指摘もあり、テレワークもその範疇に入ると解される余地もあります。そういったことから、会社として、一定の範囲で、テレワークによる復職を認める選択もあります。

職場復帰における就業上の配慮

短時間勤務／軽作業や定型業務への従事／残業・深夜業務の禁止／出張制限（顧客との交渉・トラブル処理などの出張、宿泊をともなう出張などの制限）／交替制勤務制限／業務制限（危険作業、運転業務、高所作業、窓口業務、苦情処理業務等の禁止または免除）／フレックスタイム制度の制限または適用（ケースにより使い分ける）／転勤についての配慮

　しかし、そのような判断をする場合であっても、テレワークは、対面機会やコミュニケーションが減少し、生活リズムも乱れやすいことに鑑み、復職希望者の生活リズムが安定していることを確認することが必須です（Q12で指摘した「生活記録表」（【書式5】）の活用）。また、すべての就業をテレワークとすることは避け、一定程度（週3日程度）は会社への出社を義務付けるようにすべきです（この点は、前述の（2）との関係でも必須であると考えています）。

　なお、就労管理ができるか不明確であることからテレワーク（在宅勤務）をさせることも困難であったと判断した裁判例もあります（日本ヒューレット・パッカード（休職期間満了）事件（東京高判平28・2・25労判1162号52頁））。

(根本義尚)

159

第3章　復職の申出がなされたとき

Q36　会社が指示した軽易業務を社員が拒否した場合

　メンタルヘルス不調から社員が復職するにあたり、会社が負担軽減のためにより軽易な業務に配属しようとしたところ、社員がこれを拒否し、従前の業務に従事すると申し出ました。業務内容が限定されていない場合、限定されている場合のそれぞれの場合について、従前の業務に従事させる必要があるでしょうか。

　　雇用契約上業務内容が限定されていない場合、社員は従前の業務ではなく、会社が指示した業務に従事する必要があります。業務内容が限定されている場合、雇用契約で定められた業務を行えないのであれば、復職が認められないのが原則ですが、会社が配慮として軽易業務を指示することもあり得ます。社員が、会社が指示し、または雇用契約で定められた業務を行えず、配慮としての軽易業務も拒否する場合、復職を認めず、または、懲戒処分や解雇を検討することになるでしょう。

1　雇用契約上職種・業務内容が限定されていない場合

　雇用契約上職種・業務内容が限定されていない場合、就業規則の異動に関する規定を根拠に、使用者に配転命令権があると考えられるため、権利濫用にならない限り（東亜ペイント事件（最判昭61・7・14労判477号6頁））、社員は従前の業務ではなく、会社が指示した業務に従事する必要があります。そのため、会社が負担軽減のためより軽易な業務を指示し、これが権限濫用にあたらない場合、社員はこれを拒否できないのが原則です。

　また、会社が業務を指示したにもかかわらず、これに応じず就業を拒否する社員に対しては、業務命令違反や正当な理由のない欠勤であるとして、懲

戒処分を検討することが考えられます。

　社員が軽易な業務に従事する場合の賃金引下げの可否については Q32を
ご参照ください。

2　職種・業務内容が限定されている場合（限定正社員等）

　いわゆる限定正社員や有期雇用であるなどして職種・業務内容が限定され
ている場合、雇用契約で定められた業務を通常の程度に行えないのであれば、
債務の本旨に従った履行ができないことになるため、復職が認められないの
が原則です（北海道龍谷学園事件（札幌高判平11・7・9労判764号17頁））。

　もっとも、業務上の傷病の事案ですが、「労働者がその職種や業務内容を限
定して雇用された者」が「比較的短期間で復帰することが可能である場合に
は、休業又は休職に至る事情、使用者の規模、業種、労働者の配置等の実情
から見て、短期間の復帰準備時間を提供したり、教育的措置をとるなどが信
義則上求められる」と判示した裁判例（全日本空輸（退職強要）事件（大阪高判
平13・3・14労判809号61頁、大阪地判平11・10・18労判772号9頁））もあり、会
社が配慮として軽易業務を指示すべきこともあり得ます。また、社員の職種
を限定する合意等がある場合の他職種への配転命令の有効性について、東京
海上日動火災保険（契約係社員）事件（東京地判平19・3・26労判941号33頁）で
は「採用経緯と当該職種の内容、使用者における職種変更の必要性の有無及
びその程度、変更後の業務内容の相当性、他職種への配転による労働者の不
利益の有無及び程度、それを補うだけの代替措置又は労働条件の改善の有無
等を考慮し、他職種への配転を命ずるについて正当な理由のあるとの特段の
事情が認められる場合」に配転命令が有効となるとされています。

　社員が雇用契約で定められた業務を行えず、配慮としての軽易業務も拒否
する場合、債務の本旨に従った履行ができないとして復職を認めず、または、
労務提供ができないことを理由に解雇を検討することになるでしょう。

（村田浩一）

第3章　復職の申出がなされたとき

Q37　障害者雇用促進法における合理的配慮義務との関係

　メンタルヘルス不調により休職する社員は障害者雇用促進法で合理的配慮を行う必要がある「障害者」にあたるでしょうか。また、復職後に行う合理的配慮の内容はどのようなものでしょうか。

> **A**　メンタルヘルス不調により休職する社員は合理的配慮を行う必要がある「障害者」あたると考えられます。合理的配慮として「事業主に対して過重な負担」となる措置までは必要ありませんが、事業主および障害者が措置に関する話合いを行うなどの手続が重要です。

1　障害者雇用促進法の「障害者」の意義

　障害者雇用促進法36条の3では、「事業主は、障害者である労働者について、障害者でない労働者との均等な待遇の確保又は障害者である労働者の有する能力の有効な発揮の支障となつている事情を改善するため、その雇用する障害者である労働者の障害の特性に配慮した職務の円滑な遂行に必要な施設の整備、援助を行う者の配置その他の必要な措置を講じなければならない。ただし、事業主に対して過重な負担を及ぼすこととなるときは、この限りでない」と定められており、合理的配慮を行うことが義務付けられています（下線は筆者。以下、同じ）。

　その対象となる「障害者」の意義については、障害者手帳の有無にかかわらず、「身体障害、知的障害、精神障害（発達障害を含む。第6号において同じ。）その他の心身の機能の障害（以下「障害」と総称する。）があるため、長期にわたり、職業生活に相当の制限を受け、又は職業生活を営むことが著しく困難な者をいう」（同法2条1号）とされ、精神障害を理由に相当期間休職している社員は、当該「障害者」に該当する可能性が高いと考えられ、使用

162

者としては「合理的配慮」を行う必要がある可能性があります。

2　障害者雇用促進法の「合理的配慮」の具体的内容

　合理的配慮として、「事業主に対して過重な負担」となる措置までは必要ありません。過重な負担にあたるか否かの考慮要素は、事業活動への影響の程度、実現困難度、費用・負担の程度、企業の規模、企業の財務状況、公的支援の有無等の用を総合的に勘案しながら、個別に判断するとされています（「合理的配慮指針」第5）。

　合理的な配慮の手続として、①事業主が障害者に支障となっている事情の有無を確認する、②事業主および障害者が合理的配慮に係る措置の内容に関する話合いを行う、③事業主が合理的配慮を確定し、措置の内容、措置を講ずる理由および講じない理由を社員に説明する（説明が不十分であり配転が権利の濫用であると判断された事例として、学校法人原田学園事件（最判平30・11・27（平成30年（オ）第850号等）、広島高岡山支判平30・3・29労判1185号27頁）、という手続が重要です。

　「合理的配慮」の具体的内容については厚生労働省「合理的配慮指針事例集〔第4版〕」に障害の種類ごとに定められており、精神障害者に対する採用後の配慮として、以下が紹介されています。

精神障害者に対する採用後の合理的配慮

・　業務指導や相談に関し、担当者を定めること。
・　業務の優先順位や目標を明確にし、指示を一つずつ出す、作業手順を分かりやすく示したマニュアルを作成する等の対応を行うこと。
・　出退勤時刻・休憩・休暇に関し、通院・体調に配慮すること。
・　できるだけ静かな場所で休憩できるようにすること。
・　本人の状況を見ながら業務量等を調整すること。
・　本人のプライバシーに配慮した上で、他の労働者に対し、障害の内容や必要な配慮等を説明すること。

（村田浩一）

第3章　復職の申出がなされたとき

Q38　復職時・復職後にどのような配慮をすべきか

メンタルヘルス不調者の職場復帰時、職場復帰後に再発防止等のためにどのような配慮ができるでしょうか。

　　　　復職時には、社員の状態の確認、産業医の意見に基づく就業上の配慮、社員、主治医への情報共有が重要です。復職後は、管理監督者による観察と支援のほか、主治医の意見の確認、職場復帰支援プランや職場環境の評価と改善を検討することが重要です。

1　職場復職時の配慮

　社員の状態の確認、産業医の意見に基づく就業上の配慮、社員、主治医への情報共有が重要で、厚生労働省「改訂　心の健康問題により休業した労働者の職場復帰支援の手引き」（以下、「手引き」といいます）4頁の内容が参考になります。
　まず、社員の状態について、疾患の再燃・再発の有無等について最終的な確認を行います。
　また、産業医には、復職の可否のみならず、就業上の配慮の内容（時間外勤務（禁止・制限）、交代勤務（禁止・制限）、休日勤務（禁止・制限）、就業時間短縮（遅刻・早退）、出張（禁止・制限）、作業転換、配置転換・異動、その他、今後の見通し）や措置期間等について意見書を求めたいところです（「職場復帰に関する意見書」の書式は手引き23頁様式例3、本書Q17【書式11】参照）。
　それらを踏まえて使用者において最終的な職場復帰の決定を行い、就業上の配慮の内容についてもあわせて社員に対して通知します。
　職場復帰についての事業場の対応や就業上の配慮の内容等は社員を通じて

164

主治医にも的確に伝わるようにします（主治医宛ての「職場復帰及び就業上の配慮に関する情報提供書」の書式は手引き23頁様式例 4 、本書 Q17【書式12】参照）。

2 職場復職後の配慮

復職後は、管理監督者による観察と支援のほか、主治医の意見の確認、職場復帰支援プランや職場環境の評価と改善を検討することが重要です。手引き 4 頁の内容が参考になります。

まず、疾患の再燃・再発、新しい問題の発生等の有無についての早期の気付きと迅速な対応が不可欠であり、社員の意見のみならず、管理監督者による観察と支援が重要です。

また、社員から通院状況、病状や今後の見通しについての主治医の意見を聞くことが重要です。

職場復帰支援プランを作成している場合、計画どおりに実施されているかの確認や、問題が生じている場合は関係者間で連携しながらプランの内容の変更を検討します。

職場復帰する社員がよりストレスを感じることの少ない職場づくりをめざして、作業 環境・方法や、労働時間・人事労務管理など、職場環境等の評価と改善を検討することも重要です。

職場復帰をする社員を受け入れる職場において、管理監督者や同僚等に負担がかかることがあるので、過度の負担がかかることのないよう配慮することも重要です。

（村田浩一）

第3章　復職の申出がなされたとき

4　復職ができなかったとき

Q39　復職の可否の判断基準、立証責任

復職の可否はどのような基準により判断するのでしょうか。また、「治癒」の立証責任（立証が不十分だった場合どちらが不利益を受けるか）は、使用者と社員のいずれが負うのでしょうか。

　業務内容の限定があるかどうかによりますが、一定の業務が行えない場合、復職が認められず、退職となります。その立証責任は、社員側が負うと考えられています。

1　業務内容の限定がない場合

復職の判断基準については Q31 で前述したとおり、原則として、「従前の職務を通常の程度に行える健康状態に回復した時」をいいますが、職種・業務内容の限定特約がない社員の場合、①前掲・片山組事件最高裁判決を受けて、現実に配置可能な他の業務がある場合や、②前掲・独立行政法人 N 事件（Q31参照）を受けて、復帰直後は従前の職務について労務の提供が十全にはできないとしても、当初は軽易な業務につかせれば、短期間で従前の職務に復帰できる場合には、復職を認めるべきであると判断される傾向にあります。

2　業務内容の限定がある場合

職種・業務内容の限定がある場合、雇用契約で定められた業務や、休職前に担当していた業務を通常の程度に行える健康状態に回復しているか否かにより復職の可否が判断されます。

166

3 「治癒」の立証責任

立証責任とは、事実が真偽不明となった場合にその事実を要件とする法律効果の発生が認められない不利益をいい、「治癒」についての立証責任は社員側が負うとされています（双極性障害に罹患して休職・退職した社員について、休職期間満了までに回復したとは認められないとされた伊藤忠商事事件（東京地判平25・1・31労経速2185号3頁）等）。具体的には、社員において、休職期間満了までに「治癒」したことを立証できなければ（真偽不明の場合を含みます）、使用者は休職期間満了により退職または解雇とすることができます。

【書式21】 休職期間満了通知書

令和○年○月○日

○○　○○　殿

株式会社○○○○
○○長　○○　○○

休職期間満了通知書

　貴殿は、○○を理由に令和○年○月○日より休職されていますが、就業規則第○条○項の規定により、令和○年○月○日をもって休職期間が満了し、同日をもって退職となりますことをここにご通知いたします。
　退職誓約書、退職手続書、返信用封筒を同封いたしますので、ご確認、ご記入の上同年○月○日までにご返送いただけますようお願いいたします。
　ご体調が一日も早く回復されますことを心よりお祈り申し上げます。

以上

（村田浩一）

第3章　復職の申出がなされたとき

Q40　休職期間満了と他の退職事由が競合した場合の処理

メンタルヘルス不調による休職期間満了と雇用期間満了など他の退職事由が競合した場合や、休職中の社員が退職事由に該当した場合、どの理由で退職としたらよいでしょうか。

より争いのない理由で退職とすることをお勧めします。

1　休職期間満了と雇用期間満了など他の退職事由が競合した場合

有期労働契約期間が2024年4月1日から2025年3月31日まで、休職期間の上限が3ヵ月であった場合について考えてみます。

```
雇用契約期間　2024/4/1～2025/3/31
①　休職期間　2025/1/1～2025/3/31（3ヵ月）
②　休職期間　2025/2/1～2025/4/30（3ヵ月）
③　休職期間　2025/2/1～2025/3/31（休職期間は契約期間満了までの範囲との定めがある）
```

（1）休職期間満了日と雇用期間満了日が同じ場合（上記①のケース）

休職期間満了日と契約期間満了日が同じ場合、より争いのない理由で退職とするのがよいと考えますが、次のいくつかの場合分けが考えられます。

ⓐ　雇用契約が繰り返し更新されており、無期転換の申出（労働契約法18条により、有期労働契約の契約期間を通算した期間が5年を超える労働者（社員）は、現に締結している有期労働契約の契約期間が満了する日の翌日から労務が提供される期間の定めのない労働契約の締結の申込みを行うことができます）が行われる可能性がある場合、休職期間満了退職とするのが無難と考えます。というのも、雇用契約期間満了により有期労働契約を終了しても、無期転換の申出が行われると、現に締結している有期労働

契約の契約期間が満了する日の翌日（上記のケースだと2025年4月1日）から期間の定めのない労働契約が成立することになり、結果的に雇用契約期間満了によっては雇用が終了しない可能性があるためです。休職期間満了により退職とする場合の休職期間満了通知書の書式は前述（【書式21】）のとおりです。

ⓑ 私傷病ではなく業務上災害であるとの申出を受けているなど、休職発令の有効性を争われる可能性がある場合、雇用期間満了退職とするのが無難と考えます。雇用期間満了により退職とする場合の通知書の書式は後述（【書式22】）のとおりです。

ⓒ いずれとも判断がつかなければ、休職期間満了および雇用期間満了の両者を退職理由とすることも考えられます。

（2） 休職期間満了日が契約期間満了日よりも後の場合（上記②のケース）

労務提供ができないため雇用契約を更新できないとして雇用期間満了（上記のケースだと2025年3月31日）をもって退職とするのが筋と考えます。ただし、雇用契約が繰り返し更新されており、無期転換の申出が行われると、有期労働契約は期間満了により終了するとしても、現に締結している有期労働契約の契約期間が満了する日の翌日（上記のケースだと2025年4月1日）から期間の定めのない労働契約が成立する可能性があり、当該申出がなされた場合、あわせて無期労働契約を解雇する必要があると考えます。

また、対応としては雇用期間満了（上記のケースだと2025年3月31日）をもって退職という対応でよいと考えますが、休職期間満了（上記のケースだと2025年4月30日）まで雇用が保障されている、復職の可否を判断するため休職期間満了まで雇用契約を延長せよ、などとの指摘を受けることがあるので、上記③のように、休職期間満了日は契約期間満了日までと定めることが重要と考えます。

第3章　復職の申出がなされたとき

> **（休職）**
> **第9条**　契約社員が、次のいずれかに該当するときは、契約期間満了までの範囲で、
> 　所定の期間休職とする。

2　メンタルヘルス不調により休職中の社員が定年退職となる場合

　休職中であっても定年制は適用されるので、定年により退職となります。

　定年年齢が65歳未満の場合で、65歳までの継続雇用制度（高年法9条1項2号）を導入している場合、休職中の者を定年後再雇用の対象外とすることも、定年後再雇用はしつつ、定年後再雇用期間に休職期間を引き継ぐことも考えられます。

　この点について、高年法9条3項に基づく「高年齢者雇用確保措置の実施及び運用に関する指針」（平24厚労告560号）によれば、「心身の故障のため業務に堪えられないと認められること、勤務状況が著しく不良で引き続き従業員としての職責を果たし得ないこと等就業規則に定める解雇事由又は退職事由（年齢に係るものを除く。以下同じ。）に該当する場合には、継続雇用しないことができる」、「就業規則に定める解雇事由又は退職事由と同一の事由を、継続雇用しないことができる事由として、解雇や退職の規定とは別に、就業規則に定めることもできる。また、当該同一の事由について、継続雇用制度の円滑な実施のため、労使が協定を締結することができる」とされ、心身の故障を理由に再雇用しない余地はあります。

　他方で、「なお、解雇事由又は退職事由とは異なる運営基準を設けることは高年齢者等の雇用の安定等に関する法律の一部を改正する法律（平成24年法律第78号。以下「改正法」という。）の趣旨を没却するおそれがあることに留意する」、「継続雇用しないことについては、客観的に合理的な理由があり、社会通念上相当であることが求められると考えられることに留意する」との注意も付されています。

　そのため、休職期間満了までに復職できる見込みがないような場合でもな

170

Q40　休職期間満了と他の退職事由が競合した場合の処理

ければ、再雇用はしたうえで、復職の可否を判断する対応が無難と考えます。

3　メンタルヘルス不調により休職中の社員が人員整理の対象となる場合

　休職中の者が人員整理の対象とならない理由もなく、整理解雇にあたっては、①人員削減の必要性、②人員選択の合理性、③解雇回避努力、④手続の相当性の4要素により有効性が判断されると考えられます。人員選択にあたって、休職中の者を優先して人員整理の対象とする可能性はありますが、合理的な人員選択基準が定められている限り、現実に労務提供ができていない休職中の者を優先する基準が直ちに不合理ともいえないと考えます。

　なお、業務外の休職ではなく、業務上の負傷または疾病により休業している場合は、休業の期間およびその後30日間は解雇できません（労働基準法19条1項）。

【書式22】　契約期間満了通知書

令和○年○月○日

○○○○　殿

株式会社○○○○
○○長　　○○○○

契約終了に関するご連絡

　当社と貴殿との間で締結されている労働契約は、令和○年○月○日に契約期間が満了となります。

　そして、貴殿は体調不良により業務に従事することができないため、当社は貴殿との労働契約を更新いたしませんので、貴殿は同日をもって当社を退職となります。

　退職誓約書、退職手続書、返信用封筒を同封いたしますので、ご確認、ご記入の上同年○月○日までにご返送いただけますようお願いいたします。

　ご体調が一日も早く回復されますことを心よりお祈り申し上げます。

以上

（村田浩一）

171

第3章　復職の申出がなされたとき

Q41　休職者が休職期間満了により退職する場合の手続

メンタルヘルス不調の社員が休職期間満了により退職することとなりました。どのような手続を行う必要があるでしょうか。

> **A** 退職に関する書類を取り交わすこと、会社貸与品の返還を求め、社員の私物を返還すること、所定の退職時誓約書を取り交わすこと、社会保険、雇用保険の資格喪失手続、任意継続の有無の確認、離職票の要否の確認、住民税の一括徴収を行うかの確認が必要です。

必要な手続は回答のとおりです。以下ではそれぞれについて簡単に解説します。

1　退職に関する書類の取り交わし

休職期間満了退職の場合、休職期間満了を通知し雇用契約を終了することが通常です（Q39【書式21】参照）。退職勧奨を行った場合などに退職合意書を取り交わすこともあります（【書式23】参照）。ハローワークへの届出のために退職届の提出を求めている企業もあります。

2　会社貸与品、社員の私物の返還

（1）　会社貸与品の例

貸与品を貸与している場合、返還を求めます。着払いで会社に送付することを求めることが多いです（パソコン、携帯電話などは休職発令時に回収することが多いです）。貸与品の一例は以下ですので、以下も参考に、漏れがないように対応することが重要です。

名刺／社員証／（カード）キー／制服／健康保険証

172

（2） 社員の私物の例

社員の私物が残っている場合、社員に返送します。一例は以下のとおりです。後から紛失やプライバシー侵害等の指摘を受けないよう、何を返送したかリスト化することや、ロッカーや机の引出しを開ける場合、複数名で開け、その様子を動画で記録しておくことが考えられます。

> 筆記用具／イヤホン／服、ハンカチなど／手帳、書類（ただし、会社の機密情報が記載されているものは回収、破棄する）

3　社会保険・雇用保険・住民税

退職時に以下の手続や確認を行う必要があります。【書式24】も参考に、退職者に提出してもらう書式を用意しておくとスムーズです。

（1） 資格喪失手続

事業主は、厚生年金保険法、健康保険法および雇用保険法上の義務として、被保険者が退職した場合、年金事務所、健康保険組合および公共職業安定所長に被保険者資格喪失届を提出しなければなりません（厚生年金保険法27条、102条1項、健康保険法48条、208条1項、雇用保険法7条、83条1号）。雇用保険については、事業主は離職証明書等を添付して離職日の翌日から10日以内に提出しなければならず（雇用保険法施行規則7条）、これに基づいて公共職業安定所長は労働者（社員）に対し失業等給付を受給するために必要な離職票を交付します（同規則17条）（離職手続の流れについてはQ42参照）。

（2） 健康保険の任意継続

健康保険の任意継続とは、資格喪失後も被保険者の資格を2年間継続できる制度です（健康保険法3条4項）。任意継続の申出は、原則として被保険者の資格喪失日（離職日の翌日）から20日以内に行う必要があります（同法37条）。

173

第3章　復職の申出がなされたとき

（3）　離職票の要否の確認

社員が離職した場合、事業主は「雇用保険被保険者資格喪失届」および「雇用保険被保険者離職証明書」をハローワークに提出します（離職した社員が「雇用保険被保険者離職票」（離職票）の交付を希望しない場合は前者のみ提出します）。これらの書類には事業主が離職理由等を記入し、その記載内容を踏まえて離職理由が認定されます（離職手続の流れについてはQ42参照）。

（4）　住民税の一括徴収を行うかの確認

退職後の住民税の支払いは、年4回の分納（6月、8月、10月および1月に支払う）とするか、一括徴収（6月末に一括で支払う）とするか選ぶことができます。

【書式23】　退職合意書

合　意　書

　株式会社○○○○（以下、「甲」という。）と○○○○（以下、「乙」という。）とは、乙の離職その他甲乙間の雇用契約に関わる一切の件（以下、「本件」という。）に関して、以下のとおり合意（以下、「本合意書」という。）した。

1　甲及び乙とは、令和○年○月○日付で乙が甲を休職期間満了により退職したことを相互に確認する。なお、退職の諸手続きについては、甲の指示に従うものとする。

2　甲は、乙に対し、転身支援金として金○万円を令和○年○月○日までに乙の給与振込口座に振り込む方法により支払う。

3　甲は、乙に対し、乙の未消化の年次有給休暇の残日数○日分（以下、「年次有給休暇残日数」という。）につき、年次有給休暇残日数分に相当する金○万○○○○円（甲の時給相当額○○○○円×所定労働時間○時間に年次有給休暇残日数○日を乗じた金額）を、令和○年○月○日までに、公租控除の上、乙の給与振込口座に振り込む方法により支払う。振込手数料は甲の負担とする。

4　乙は、入社時又はその後に署名した「誓約書」を、雇用契約終了日の前後を問わず、遵守する。

5　乙は、甲から貸与された社員証・鍵・作業服等の全ての物品を、甲の指示するところに従って、指定された日までに甲に返還する。

6　甲及び乙は、本件について円満に解決したことを相互に確認し、乙の退職日の前後を問わず互いに誹謗中傷しないことを相互に約束する。なお、乙は、甲所定の退職時の誓約書等の提出も行うものとする。

174

Q41　休職者が休職期間満了により退職する場合の手続

7　甲及び乙は、本合意書の内容及び本合意書締結の経緯について、厳格に秘密として保持し、その理由の如何を問わず、その相手方の如何にかかわらず一切開示または漏えいしないことを相互に約束する。

8　甲及び乙は、甲と乙との間には、本合意書に定めるもののほか、乙が退職後にも負うべき守秘業務等の義務を除き、何らの債権債務がないことを相互に確認する。

以上の合意に達したので、本書2通を作成し、甲乙各1通を所持する。

　　令和　　年　　月　　日

　　　　　　　　　　　　　　　（甲）東京都
　　　　　　　　　　　　　　　　　　株式会社○○○○
　　　　　　　　　　　　　　　　　　代表取締役　○○　○○　㊞
　　　　　　　　　　　　　　　（乙）住所
　　　　　　　　　　　　　　　　　　氏名　　　　　　　　　㊞

【書式24】退職手続書

　　　　　　　　　　　　　　　　　　　　　年　　　月　　　日

退職手続書

○○株式会社　御中
　　　住　所
　　　　　　　　　　　　　　　　氏　名　　　　　　　　㊞

　退職手続きについて以下のとおり届け出ます。

・　退職日　　　　年　　　月　　　日
・　連絡先　住　所
　　　　　　電　話
・　健康保険　　　1　喪失してよい　　　2　任意継続を希望する
・　住民税の支払　1　普通徴収にする　　2　一括徴収にする
・　社会保険資格喪失証明書の交付
　　　　　　　　　1　希望する　　　　　2　希望しない
・　離職票の交付　1　希望する　　　　　2　希望しない

（村田浩一）

175

第 3 章　復職の申出がなされたとき

Q42　休職期間満了による退職の場合の離職理由

　休職期間満了により退職となった場合、失業手当との関係の離職理由は、自己都合と会社都合のいずれになるのでしょうか。退職金との関係ではどうでしょうか。

　就業規則の定め方により、就業規則で休職期間満了が解雇事由と定められている場合は会社都合となり、基本手当の給付日数が手厚くなりますが、休職期間満了により（自然）退職と定められている場合は一般の離職者として扱います。退職金との関係は、各社の退職金規程等によります。

1　基本手当（いわゆる失業手当）との関係の離職理由

（1）離職手続

　雇用保険の一般被保険者が離職した場合に支給される基本手当の金額（日数）は、離職の日における年齢、雇用保険の被保険者であった期間および離職理由などによって決定され、90日～360日の間で決められます。

　雇用していた社員が離職した場合、事業主は「雇用保険被保険者資格喪失届」および「雇用保険被保険者離職証明書」をハローワークに提出します（離職した社員が「雇用保険被保険者離職票」（離職票）の交付を希望しない場合は前者のみ提出します）。これらの書類には事業主が離職理由等を記入し、その記載内容を踏まえて離職理由が認定されます。

（2）基本手当の金額（日数）

　休職期間満了により退職となった場合の基本手当の金額（日数）は、就業規則の定め方によります。すなわち、就業規則で休職期間満了が解雇事由と定められている場合は、特定受給資格者（倒産、解雇等により離職した者）と

〈図９〉 離職理由判断手続の流れ

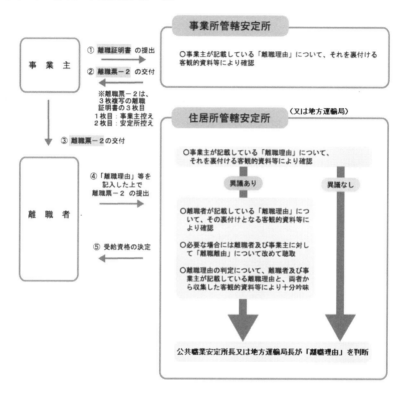

（ハローワーク インターネットサービス〈https://www.hellowork.mhlw.go.jp/insurance/insurance_basicbenefit.html〉）

なり、一般の離職者と比べて基本手当の給付日数が手厚くなる可能性があります。

　他方で、休職期間満了により（自然）退職と定められている場合は一般の離職者として扱います。

第3章　復職の申出がなされたとき

〔表5〕　特定受給資格者および一部の特定理由離職者（就職困難者を除く）の所定給付日数

		被保険者であった期間				
		1年未満	1年以上5年未満	5年以上10年未満	10年以上20年未満	20年以上
区分	30歳未満	90日	90日	120日	180日	—
	30歳以上35歳未満		120日	180日	210日	240日
	35歳以上45歳未満		150日		240日	270日
	45歳以上60歳未満		180日	240日	270日	330日
	60歳以上65歳未満		150日	180日	210日	240日

〔表6〕　一般の離職者（就職困難者を除く）の所定給付日数

		被保険者であった期間				
		1年未満	1年以上5年未満	5年以上10年未満	10年以上20年未満	20年以上
区分	全年齢	—	90日		120日	150日

（ハローワーク インターネットサービス〈https://www.hellowork.mhlw.go.jp/insurance/insurance_benefitdays.html〉）

2　退職金との関係

　就業規則で退職金を支給することがあると定めている場合、退職理由によって退職金の金額が変わることがあります。その場合、支給金額等は各社の退職金規程等によります。また、基本手当との関係では最終的にはハローワークが判断しますが、退職金との関係では会社が判断することになります。

　休職期間満了が解雇事由とされ、休職期間満了を理由に解雇した場合、会社都合として退職金の支給において手厚く取り扱う企業もあると思います。

Q42　休職期間満了による退職の場合の離職理由

　他方で、休職期間満了が解雇事由とされず、休職期間満了を理由に（自然）退職となった場合、会社都合とは取り扱わず、通常の退職ないし自己都合退職と同様に取り扱われるケースもあると思います。

　離職理由や退職金支給額の疑義をなくすために、Q41【書式23】のような合意書を取り交わし、離職理由について「1　甲及び乙は、乙が令和○年○月○日付で甲を自己都合により退職することを相互に確認する（ただし、最終的には行政官庁の判断による。）。なお、退職の諸手続きについては、甲の指示に従うものとする」などと合意したり、退職金支給額について「2　甲は、乙に対して、退職金規程所定の退職金として○○○○円を、所定の期日までに、公租等控除の上、乙の給与振込口座に支払う。振込手数料は甲の負担とする」などと合意することは考えられます。

（村田浩一）

第3章　復職の申出がなされたとき

Q43 メンタルヘルス不調者や休職者に対する退職勧奨の可否

　メンタルヘルス不調者の労務提供が安定しない場合や、メンタルヘルス不調により休職している社員が就労できそうもないのに復職の申出やハラスメントを受けたなどとの申出が繰り返されているような場合に、退職して療養に専念してもらうため、退職勧奨をしてもよいでしょうか。また、退職勧奨する場合の注意点はあるでしょうか。

　　　　体調が悪化したり自殺するおそれがあるため、専門家の意見を聞くなど慎重に対応する必要があります。また、ハラスメントの申出を理由とする不利益取扱いが禁止されることにも注意が必要です。

1　退職勧奨に関する規制

　退職勧奨とは、辞職を勧める使用者の行為、あるいは、使用者による合意解約の申込みに対する承諾を勧める事実行為で、退職勧奨を行うこと自体は基本的に自由です（荒木尚志『労働法〔第5版〕』367頁）。ただし、退職勧奨が執拗で不当な強要にわたる場合には不法行為と評価されることがあります（下関商業高校事件（最判昭55・7・10労判345号20頁）等）。

　また、退職勧奨に基づく社員の退職の意思表示に瑕疵（錯誤、詐欺、強迫等）があった場合、社員は意思表示の取消しを主張することができます。たとえば、解雇事由が存在しないにもかかわらず、自ら退職しなければ解雇になるなどと告知され、社員が退職の意思表示をした場合、社員を欺罔、畏怖させて退職の意思表示をさせたと考えれば詐欺ないし強迫に該当し、社員が誤信するに至ったと考えれば錯誤に該当する可能性があります。

　退職の意思表示に瑕疵があると判断された例として、統合失調症の者が

行った退職の意思表示が意思能力を欠き無効と判断された長崎市事件（長崎地判令3・3・9労経速2456号27頁）があります。

2 体調悪化や自殺のおそれ

退職勧奨は雇用を失わせる可能性のある行為で、メンタルヘルス不調の原因になったり、メンタルヘルス不調者に対して行った場合、メンタルヘルス不調者が不安に感じ、体調が悪化したり、自殺に至ることがあります。

たとえば、精神障害の労災認定基準（第1部3参照）では、「退職を強要された」は平均的な心理的負荷の強度が「Ⅲ」（Ⅲの強度が最も強い）とされ、「退職の意思のないことを表明しているにもかかわらず、長時間にわたり又は威圧的な方法等により、執拗に退職を求められた」や「突然解雇の通告を受け、何ら理由が説明されることなく又は明らかに不合理な理由が説明され、更なる説明を求めても応じられず、撤回されることもなかった」は心理的負荷の強度が「強」とされ、「強い退職勧奨（早期退職制度の強い利用勧奨を含む）が行われたが、その方法、頻度等からして強要とはいえないものであった」は心理的負荷の強度が「中」とされ、メンタルヘルス不調の原因になり得るとされています。

また、裁判例でも、エム・シー・アンド・ピー事件（京都地判平26・2・27労判1092号6頁）では、うつ病により休職し、復職した社員が退職しない旨を明示しているにもかかわらず、使用者が繰り返し（5回）、長時間（約1時間ないし約2時間）退職勧奨を行い、退職か解雇か二者択一であるなどと迫り、当該社員の体調が悪化し、使用者が再度休職を発令し、休職期間満了により当該社員を退職とした事案について、裁判所は退職勧奨が違法であり、体調悪化に業務起因性が認められ雇用契約が終了していないと判断し、社員の慰謝料請求を30万円の範囲で認め、再度の休職以降の賃金請求を認めています。

このように、退職勧奨がメンタルヘルス不調の原因やこれを悪化させる原

第 3 章　復職の申出がなされたとき

因になることを理解し、メンタルヘルス不調が疑われる者に対しては、退職勧奨を控えることや、少なくとも事前に産業医や専門医に、退職勧奨を行ってよいか、退職勧奨を行う場合の注意点を確認すべきです。メンタルヘルス不調者に退職勧奨を行う際に産業医が立ち会ってくれたにもかかわらず退職勧奨後にメンタルヘルス不調者が自殺した事例もあるように聞いており、慎重に対応すべきと考えます。

3　ハラスメントの申出に対する対応

　ハラスメントの相談や申出に対して、事業主は、事実関係を迅速かつ正確に確認する必要があり（令和 2 年 1 月15日厚生労働省告示第 5 号「事業主が職場における優越的な関係を背景とした言動に起因する問題に関して雇用管理上講ずべき措置等についての指針」参照）、社員がハラスメントの相談を行ったことまたは事業主による当該相談への対応に協力した際に事実を述べたことを理由として、当該社員に対して解雇その他不利益な取扱いをしてはいけません（パワーハラスメントについて労働施策総合推進法30条の 2 第 2 項、セクシュアルハラスメントについて男女雇用機会均等法11条 2 項、マタニティハラスメントについて同法11条の 3 第 2 項）。

　仮にハラスメントの相談や申出を行った社員に対して退職勧奨等の対応を行う場合、相談や申出に対する調査やフィードバックは行い（【書式25】事実認定書（パワハラ）参照）、それとは別に健康上の理由などから退職勧奨を行う場合はそのことを明らかにして退職勧奨を行い、退職勧奨がハラスメントの相談や申出を理由とするものではないことを明確にする必要があると考えます。

Q43　メンタルヘルス不調者や休職者に対する退職勧奨の可否

【書式25】　事実認定書（パワハラ）

令和○年○月○日

○○○○　殿

株式会社○○○○
○○長　　○○○○

　貴殿からの令和○年○月○日付「パワーハラスメントに関する申し入れ書」（以下、単に「申し入れ書」ということがあります。）に関して、当社において関係者から事情を聴取し、当社において事実の有無および評価を判断したので、以下のとおり当社の見解をお伝えします。

1　申し入れ書１項について
　　○○が○月○日に○○したとの貴殿の主張については、事実であるとは判断できませんでした。

2　申し入れ書２項について
　　○○が○月○日に○○と発言したことは認めます。ただし、パワーハラスメントとは、①職場において行われる優位的な関係を背景とした言動であって、②業務上必要かつ相当な範囲を超えたものにより、③労働者の就業環境が害されるものをいうところ（労働施策の総合的な推進並びに労働者の雇用の安定及び職業生活の充実等に関する法律30条の２第１項参照）、当該発言は貴殿が○○したことから教育目的で行った発言であり、②業務上必要かつ相当なものであり、③労働者の就業環境が害されるものでもなく、パワーハラスメントには該当しないと判断しています。

3　申し入れ書３項について
　　具体的な日時および内容等が明らかでなく、事実の有無および評価を判断することはできません。

以上

（村田浩一）

第3章 復職の申出がなされたとき

> **Q44** 休職者の未消化の年次有給休暇の処理

メンタルヘルス不調になった社員に対し休職を発令し、休職期間が満了し、退職となりました。当該社員から、①休職発令後、休職期間満了前、または②休職期間満了後に、未消化の年次有給休暇の取得やその買上げを求められた場合、対応しなければいけないでしょうか。

　休職発令後、休職期間満了後いずれも年次有給休暇を取得することはできず、休暇の取得や買取りに応じる必要はありません。ただし、退職後に消化できなかった年次有給休暇の買取りに応じることは禁止されません。

1　休職発令後、休職期間満了後の年次有給休暇の取得

まず、（年次有給）休暇とは労働日における就労義務を消滅させるものですが、休職期間中は労働義務が免除されているので、年次有給休暇を取得することはできません。また、休職期間が満了し、退職となった後にも、年次有給休暇を取得することはできません。そのため、使用者には、本問の社員の要求に応じる義務はありません。

2　年次有給休暇の買取り

労働基準法39条が定める年次有給休暇について、休暇日数に対応する賃金相当額を支給し（いわゆる年次有給休暇の買上げ）、このことを理由として休暇を付与しないことは、同条違反となります（行政通達：昭30.11.30基収4718号）。他方で、退職日までに消化できず権利が消滅する年次有給休暇を使用者が買い取ることは、同条違反にはならないと解されています。その場合に、いくらで買い上げるか、何日を限度に買い上げるかについては、企業に裁量

があると解されています。

　後から買取りの条件や退職の有効性を争われるリスクを小さくするため、Q41【書式23】のような合意書を取り交わし、「甲は、乙に対し、乙の未消化の年次有給休暇の残日数〇日分（以下、「年次有給休暇残日数」という。）につき、年次有給休暇残日数分に相当する金〇万〇〇〇〇円（甲の時給相当額〇〇〇〇円×所定労働時間〇時間に年次有給休暇残日数〇日を乗じた金額）を、令和〇年〇月〇日までに、公租控除の上、乙の給与振込口座に振り込む方法により支払う。振込手数料は甲の負担とする」などと合意して買上げに応じることは妥当と考えます。

　また、年次有給休暇に関するトラブルを避けるため、社員が年次有給休暇を消化した後に欠勤に入り、その後に休職を発令することも考えられます。他方で、復職後に年次有給休暇を取得できるように年次有給休暇を残しておきたいと考える社員もいます。社員に事前に状況を説明しておくとトラブルになりにくいと思います。

（村田浩一）

第3章 復職の申出がなされたとき

> **Q45 メンタルヘルス不調を繰り返す社員への対応**
>
> メンタルヘルス不調を繰り返す社員への注意点はあるでしょうか。

メンタルヘルス不調は再発のリスクが高く、復職後も丁寧に配慮を行うことが重要です。他方で、再発することを前提とした規定の整備も重要です。

1 再発の可能性

　第1部2等で前述のとおり、メンタルヘルス不調休職者の復職は、ケガ等とは異なり、再発のリスクが高く、また、割り切った対応が難しい面が多く、一定の配慮を行ったとしても、しっかりと復職できないことが多いのも事実です。しかし、裁判所は、雇用喪失の場面の判断では、会社が丁寧な対応を行っているかどうかを結論に影響させる傾向にあるため、丁寧かつ配慮を行う対応をすべきであると考えておくべきでしょう（前掲・キヤノンソフト情報システム事件判決等）。

2 規定の定め方

　メンタルヘルス不調を再発する場合、継続的、安定的な労務提供が難しいとして、雇用契約を終了することを考えるのは自然なことです。その場合の規定の定め方として、休職期間の通算がポイントと考えます（【書式26】参照）。
　通算には、事由の通算の問題と期間の通算の問題があります。
　前者は、再度休職事由を満たさなくても（以下の例でいうと、再発時には欠勤が「直近○カ月で○日に達し」なくても）、復職後一定期間内（かつては「6カ月以内」とする例も多かったように思いますが、近時は「12カ月以内」とする

例が多い印象です）に、復職前の休職事由と同一または類似の事由により欠勤する場合、直ちに休職を発令できるという定め方です（欠勤期間の通算を内容とする休職に関する規定の変更は、必要性および合理性を有するとして、有効とした例として、野村総合研究所事件（東京地判平20・12・19労経速2032号3頁））。

　後者は、再度の休職の場合の休職期間を、過去の休職の際の休職期間の残りの期間とする定め方です（このような通算を認めた例として、日本郵政公社（茨木郵便局）事件（大阪地判平15・7・30労判854号86頁））。休職期間を通算した結果、再度の休職の休職期間が数日になってしまうことも珍しくなく、その場合、社員が復職を焦ることがないよう、規定よりも有利に、1カ月〜3カ月など、多少休職期間において配慮することが丁寧な対応と考えます。

【書式26】　就業規則例（メンタルヘルス不調を繰り返す場合）

> **（休職）**
> **第○条**　社員が、次のいずれかに該当するときは、所定の期間休職を命じることがある。なお、その休職期間中に復職できないと認めるときは会社は休職を命じないことがある。
> 　(1)　業務外の傷病による欠勤が当初の欠勤開始から暦日で通算して2週間以上に及んだ場合、または2カ月間の間に14日に及んだ場合。なお、同一または類似の病気の場合、欠勤期間を通算するものとする。
> 　(2)　（略）
> 　（中略）
> 5　復職後1年月以内に、復職前の休職事由と同一または類似の事由により欠勤する場合、直ちに休職を発令することができ、休職期間は過去の休職期間を通算する。

（村田浩一）

第3章　復職の申出がなされたとき

⑤　労働災害

Q46　メンタルヘルス不調（精神障害）と労災認定

　業務に起因して精神障害を発症することがあると思いますが、どのような
場合に、業務上災害の認定（労災認定）となるのでしょうか。

> **Ⓐ**　厚生労働省作成の「心理的負荷による精神障害の認定基準」
> （以下、「精神障害の認定基準」といいます）に則って業務上災害
> か否かの判断が行われることになりますが、その内容は複雑なものと
> なっています。

1　精神障害の労災認定基準の概要

　厚生労働省策定の「精神障害の労災認定基準」では、以下の3つの要件を
定めていますが、実務上、重要かつ判断が難しいのが②の要件となります。
いわゆる発症した精神障害と業務との間における因果関係が認められるかと
いうことです。

精神障害の労災認定要件

① 　対象疾病を発病していること。
② 　発病前おおむね6カ月間に業務による強い心理的負荷が認められること。
　⇒精神障害の労災認定基準　別表1で心理的負荷評価が「強」となる場合
③ 　業務以外の心理的負荷および個体側要因により対象疾病を発病したとは認めら
　れないこと。

　そして、精神障害が業務上災害となるか否か（労災か否か）については、労
働基準監督署等労働行政において、〈図1〉に則って判断されることになります。

188

Q46 メンタルヘルス不調（精神障害）と労災認定

〈図１〉精神障害の労災認定フローチャート（再掲）

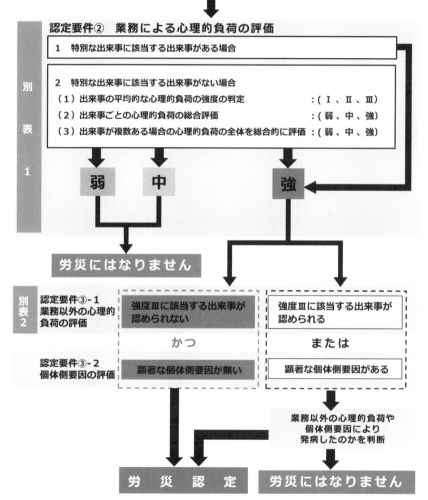

（厚生労働省「精神障害の労災認定」10頁）

189

第3章　復職の申出がなされたとき

（1）　特別な出来事に該当する出来事がある場合

まず、精神疾患発症からおおむね6カ月以内に〔表1〕の「特別な出来事」がある場合には、心理的負荷の総合評価は「強」となり、③の消極的要件に該当しなければ労災認定となります。

（2）　特別な出来事に該当する出来事がない場合

次に、「特別な出来事」がない場合には、精神障害の労災認定基準の別表1「業務による心理的負荷評価表」に記載されたどの出来事の類型に該当するのかを確認します。この別表1では、類型化された「具体的出来事」ごとに、平均的な心理的負荷の強度が「Ⅰ」「Ⅱ」「Ⅲ」（Ⅲの強度が最も強い）として定められています。たとえば、近年において、精神障害の労災認定の理由として上述した出来事については、「上司等から、身体的攻撃、精神的攻撃等のパワーハラスメントを受けた」は「Ⅲ」、「同僚等から、暴行又はひどいいじめ・嫌がらせを受けた」は「Ⅲ」、「仕事内容・仕事量の大きな変化を

〔表1〕　特別な出来事がある場合の心理的負荷（再掲）

特別な出来事の類型	心理的負荷の総合評価を「強」とするもの
心理的負荷が極度のもの	・生死にかかわる、極度の苦痛を伴う、又は永久労働不能となる後遺障害を残す業務上の病気やケガをした（業務上の傷病による療養中に症状が急変し極度の苦痛を伴った場合を含む）
	・業務に関連し、他人を死亡させ、又は生死にかかわる重大なケガを負わせた（故意によるものを除く）
	・強姦や、本人の意思を抑圧して行われたわいせつ行為などのセクシュアルハラスメントを受けた
	・その他、上記に準ずる程度の心理的負荷が極度と認められるもの
極度の長時間労働	・発病直前の1か月におおむね160時間を超えるような、又はこれに満たない期間にこれと同程度の（例えば3週間におおむね120時間以上の）時間外労働を行った

（精神障害の労災認定基準　別表1「業務による心理的負荷評価表」抜粋）

190

生じさせる出来事があった」は「Ⅱ」、「1か月に80時間以上の時間外労働を行った」は「Ⅱ」、「2週間以上にわたって休日のない連続勤務を行った」は「Ⅱ」、「セクシュアルハラスメントを受けた」は「Ⅱ」と定められています（なお、セクシュアルハラスメントおよびパワーハラスメントについて、上記別表1の記載を第1部の基礎知識8頁～9頁に抜粋しましたので、ご参照ください）。その後、「当該出来事」および「出来事後の状況」を加味して総合評価して心理的負荷の総合評価を行い、「弱」「中」「強」の心理的負荷の強度を判定することになります。諸般の事情を考慮することになりますので、ストレートな関係には立ちませんが、基本的に以下の関係に立つと考えておいて差し支えないと思います。

「Ⅰ」≒「弱」　　「Ⅱ」≒「中」　　「Ⅲ」≒「強」

(3) 出来事が複数ある場合の全体評価

いずれの出来事でも単独では「強」の評価とならない場合の出来事が複数ある場合の全体評価については、大要、以下のように定められています。な

〈図2〉　出来事が複数ある場合の評価（再掲）

（厚生労働省「精神障害の労災認定」3頁参照）

第3章　復職の申出がなされたとき

お、この論理は、複数の会社で就労していた場合（複数業務要因災害）の全体評価にも妥当するとされています。

2　注意すべき恒常的長時間労働（月100時間の時間外労働）と精神疾患

　前述したとおり、「1か月に80時間以上の時間外労働を行った」については、心理的負荷としては、「Ⅱ」＝「中」にすぎず、その出来事のみでは精神障害を発症したとしても、労災認定とはなりません。これに対して、「発症直前の1か月におおむね160時間を超えるような時間外労働を行った」場合に、精神障害を発症した場合には、前述した「特別な出来事」に該当する出来事として、心理的負荷の強度は「強」となり、労災認定となります。

　以上のケース以外でも、1カ月100時間程度の恒常的な長時間労働が認められれば、その直後に「弱」や「中」の「出来事」しかなかったとしても、労災認定となる場合があります。下記〈図10〉記載の状況は実務上、意外と起こりうる事象のため、会社としては、注意しておく必要があると思いますので、少し詳しめに説明します。

　①については、具体的出来事の心的負荷の強度が労働時間を加味せずに

〈図10〉恒常的長時間労働（月100時間程度の時間外労働）が認められる場合の総合評価

```
① 「中」→ 100時間 → 発病 ⇒「強」労災認定
② ❶ 発病前6か月の間に100時間  →「中」→ おおむね10日以内に発病 ⇒「強」労災認定
   ❷ 発病前6か月の間に100時間  →「中」→ 事後対応に多大な労力 → 発病 ⇒「強」労災認定
③ 発病前6か月(180日)の間に100時間 →「弱」→ 100時間 → 発病 ⇒「強」労災認定

➡心理的負荷の強度が「中」の典型例
  ▶ ノルマが達成できなかったことによりペナルティがあった
  ▶ 業務に関連して、顧客等から対応困難な要求を受け、対応した
  ▶ 配置転換 や 転勤があった
  ▶ 業務をめぐる方針等において、周囲からも客観的に認識されるような対立が
    「上司」又は「同僚」又は「部下」との間に生じた
➡心理的負荷の強度が「弱」の典型例
  ▶ 同僚等の昇進、昇格があり、昇進で先を越された
  ▶ 雇用契約期間の満了が迫った
  ▶ 上司が替わった
  ▶ 理解してくれていた人の異動があった
  ▶ 自分の昇進があった
```

「中」程度と評価される場合であって、その出来事の後に月100時間程度の時間外労働が認められる場合には、心理的負荷の総合評価が「強」となり、労災認定となります。

②についてですが、具体的出来事の心理的負荷の強度が労働時間を加味せずに「中」程度と評価される場合であって、その出来事の前に（月100時間程度の時間外労働が認められ、ⓐその出来事後すぐに（出来事後おおむね10日以内に）発病に至っている場合、または、ⓑその出来事後すぐには発病には至っていないが「事後対応に多大な労力」を費やし、その後発病した場合、心理的負荷の総合評価が「強」となり、労災認定となります。ここでいう「事後対応に多大な労力」とは、業務内容が困難で、業務量も過大である場合をいいます。

③についてですが、具体的出来事の心理的負荷の強度が労働時間を加味せずに「弱」程度と評価される場合であって、出来事の前および後にそれぞれ月100時間程度となる時間外労働が認められる場合には、心理的負荷の総合評価が「強」となり、労災認定となります。心理的負荷の強度が「弱」となる典型的な出来事としては、「自分の昇格・昇進があった」、「同僚等の昇進、昇格があり、昇進で先を越された」、「部下が減った」、「上司が替わった」、「理解してくれていた人の異動があった」、「早期退職の対象となった」といったものが挙げられています（精神障害の労災認定基準　別表１「業務による心理的負荷評価表」の（具体的出来事）に記載されています）。

このようにして見ていくと、日常的に起こり得る業務上の「具体的出来事」の「前」または「後」に、偶然、１カ月100時間の時間外労働があった場合でも、精神疾患発症と業務との間における相当因果関係が認められて、労災認定を受けるケースがあることについて、会社としては留意しておく必要があるでしょう。

（根本義尚）

第3章　復職の申出がなされたとき

Q47　労災認定と民事上の損害賠償請求との異同

　労災保険は会社が保険料を納めていますので、そこから社員に補償がなされれば、会社は別途損害を賠償することは必要ないと理解してよいでしょうか。労災認定と会社の損害賠償義務の異同についても教えてください。

> **A**　労災保険は社員が被った損害の100%を補填するものではなく、また会社の損害賠償責任とは異なる要件に基づいて判断されますので、被災社員に対して労災保険以外に会社が損害を賠償することが必要になってきます。

1　労災と使用者に対する損害賠償請求の関係

　社員の業務上の理由によるケガ、病気、障害、死亡の場合に、被災社員や遺族に対して必要な保険給付等を行う目的として、労働基準法上、事業主責任とされていた災害補償責任を保険システムによって担保する制度として、「労災保険制度」が構築されました。その保険の財源は一部の国庫負担を除いて、事業主（会社）が全額負担する保険料によって賄われています。そのため、会社としては、労災認定となり、労災保険から社員に各種給付がなされれば、会社が別途社員に支払いを求められることはないと勘違いされがちな面があります。

　しかし、労災保険では、社員が被った損害の100%を補填する仕組みとはなっていません。たとえば、労災保険では、慰謝料については全く支払われず、就業できなかったことに伴う休業補償給付も賃金の100%ではなく、平均賃金の6割（特別金として2割加算されます）にとどまります。そのため、最終的には、社員は、労災保険からの受給以外に、会社に対して、安全配慮義務違反（契約責任）や不法行為（注意義務違反）に基づく損害賠償請求をす

194

ることが多くなります（下記の囲み参照）。もっとも、労災保険と損害賠償金とで二重の賠償を受けられるわけではありませんので、重複する可能性がある場合には、両者で調整がなされることになります。

---

① 労災認定を受けた後に、会社に対して損害賠償請求をする。
② 労災申請と並行して、会社に対しても損害賠償請求をする。
③ 労災申請せずに、会社に対してのみ損害賠償請求をする。
④ 労災申請は認められなかったものの、使用者に対して損害賠償請求をする。
★被災社員はいずれも選択可能だが、①の対応が多い。

2　労災認定と会社に対する損害賠償請求との異同等

　労災認定では、労災補償保険法の要件（精神障害であれば「精神障害の労災認定基準」）を充足しているか否かの客観的な判断、すなわち、発症と業務との間における客観的な相当因果関係を判断されることになり、そこでは、会社や管理職の過失等は問わない「無過失責任」を前提としています。一方、社員の会社に対する損害賠償請求では、「過失責任」が前提となり、安全配慮義務や注意義務の前提となる「予見・結果回避可能性」が要件となるうえ、因果関係についても一定の主観的要素を考慮して判断されることになり、労災認定とは別の考え方に立っています。

　しかし、労災認定を受けたということは、行政機関がその社員の発症と業務との間に、客観的な因果関係があると判断したことになるので、その事実をもって、社員が会社等に損害賠償請求をするケースが多くなってきています。会社としては、損害賠償請求が認められるか否かにかかわらず、相当な負担を負うことになります。また、要件が異なりますので、行政の判断は労災認定となったものの、司法判断では会社の損害賠償請求が否定されるケースもありますが（最近の判例として佐川急便・羽田タートルサービス事件（仙台高判平22・12・8労経速2096号3頁）、ヤマダ電機事件（前橋地高崎支判平28・5・19労判1141号5頁）等がある）、実務上は、労災認定を受けた場合には、その後、協議をして和解をしているケースが多いように思います。　　　　　　（根本義尚）

第3章　復職の申出がなされたとき

コラム④　復職後の賃金引下げの難しさ

　中小企業では、賃金が細かく定められておらず、基本給一本に近い（役職者の役職に対応した手当についても、手当として支給するのではなく基本給に含めている）企業も見られます。そのような場合、就業規則に特別な定めがない限り、復職後に業務や役職が変わっても賃金を引き下げられない事態が生じます。

　また、いわゆる年俸制についても、年俸の変更等に関する規定が整備されていない場合（筆者の所感では整備されている企業はほとんどありません）、同様の事態を生じます。

　そのため、復職後の賃金について【書式20】のような確認書を使って賃金を適切な水準に変更しているケースは相当程度ありますが、他方で、社員が確認書の取り交わしに応じない場合、法的には賃金を変更できないことになります。

　これを避けるためには、基本給一本ではなく手当を支給する形にして状況が変わったら手当の支給の有無や金額を変更することや、就業規則で賃金の引下げの要件と効果（どのような場合にいくら下がるか）を定めることが考えられます。ただ、すでにある制度を変更することも就業規則の不利益変更の問題を生じ、難しさがあります。

　そのため、業務内容等と賃金が合っていなくても、一時的なものとして割り切るケースも出てきます。

（村田浩一）

第 3 部

就業規則・規程・各種書式例

第3部 就業規則・規程・各種書式例

就業規則・規定は厚生労働省「モデル就業規則（令和5年7月）」を基に筆者が加筆。

〔就業規則〕

■ 休職・復職

【書式1】 就業規則例（休職規定）

（休職）
第○条 社員が、次のいずれかに該当するときは、所定の期間休職を命じることがある。なお、その休職期間中に復職できないと認めるときは会社は休職を命じないことがある。
　⑴ 業務外の傷病による欠勤が当初の欠勤開始から暦日で通算して2週間以上に及んだ場合、または2カ月間の間に14日に及んだ場合。なお、同一または類似の病気の場合、欠勤期間を通算するものとする。
　⑵ 業務外の傷病によって万全の労務提供が期待できず、回復に相当の期間の療養が必要と認められるとき
　⑶ 社員が私傷病を理由として休職を申し出た場合
　⑷ 会社が必要と認めた場合
2　前項にかかわらず、試用期間中の者及び勤続1年未満の者には、休職を適用しない。

（休職期間）
第○条 前条に定める休職の期間は以下の期間とする。ただし、必要と認める場合には、会社は休職期間の延長を認めることがある。
　⑴ 前条第1項第1号ないし第3号
　　　勤続1年以上3年未満　　3カ月
　　　勤続3年以上5年未満　　6カ月
　　　勤続5年以上　　　　　　1年
　⑵ 前条第1項第4号
　　　会社が必要と認めた期間

（休職期間中の取扱い）
第○条 休職期間中の賃金は無給とし、休職期間中は昇給を実施しない。
2　休職期間中の社員の賞与は以下各号を満たした場合に支給対象とする。
　⑴ 賞与支給算定対象期間に在籍し、同期間中の総所定就業日数の3分の2以上の出勤日数があった者
　⑵ 賞与支給日に在籍している者
3　休職期間中の社員は、社会保険料の本人負担分について、対象期間中の毎月、会社が指定する金融機関口座に会社が指定する期日までに振り込みをしなければならない。
4　休職期間は、会社の業務上の都合による場合を除き、前条及び退職金算定における勤続期間に算入しないものとする。ただし、年次有給休暇の付与に関する勤

198

第 3 部　就業規則・規程・各種書式例

続期間には算入するものとする。
5　業務外の傷病による休職の場合、社員は療養に専念しなければならず、これに反すると会社が判断した場合、休職を打ち切り、休職期間が満了したものとみなしたり、懲戒処分を科すことがある。
6　休職期間中に会社から状況の報告を求められた場合、社員はこれに応じなければならず、社員が正当な理由なく報告に応じなかった場合、会社は休職を打ち切り、休職期間が満了したものとみなすことがある。

（私傷病休職に関する手続き）
第○条　第○条〔注：休職〕第1項第4号による場合、会社は社員に対して医師（産業医または会社指定医を含む）による健康診断等の受診を勧奨することができるものとする。なお、診断書を取得する場合、原則として社員負担とし、必要に応じて会社が負担するものとする。
2　同条第1項3号による場合、社員は休職の申し出とともに医師による診断書（傷病名、休職の必要性、予想される治癒までの期間）を提出しなければならないものとする。なお、診断書の費用は社員負担とする。
3　会社は同条第1項の休職の要否の判断について、社員から提出された診断書、社員の主治医との面談または産業医などの意見を確認することがある。なお、社員は会社の要請に基づき、必要な協力（主治医との面談の同意、医療情報開示同意書の提出、関係者との面会など）を行うものとする。
4　同条の規定にかかわらず、休職期間を超えて長期の療養を要することが明らかと会社が判断する場合、社員が前項の協力に応じない場合、及び、これらに準じる場合、会社は休職を命じないことがある。

（復職）
第○条　休職中の者が復職を希望する場合、所定の様式により所属長を経て会社に復職願を提出しなければならない。
2　業務外の傷病により休職中の者が復職を希望する場合、復職を可とする医師の診断書を添えて前項の復職願を提出しなければならない。会社が指定する医師の受診を求めることがある。
3　休職期間中に休職事由が消滅した社員について、会社は原則として休職前の旧職務に復帰させる。ただし、会社が当該社員を旧職務に復帰させることが困難または不適当と認める場合、職務や就業場所を変更することがある。
4　前項に基づき、職務や就業場所を変更する場合、または当該者社員の心身の状態等から業務及び責任の軽減、労働時間の短縮などの措置を取る場合、会社は当該社員を配転または降格し、それに基づき異動または給与の変更措置を行うことがある。
5　復職後1年以内に、復職前の休職事由と同一または類似の事由により欠勤する場合、直ちに休職を発令することができ、休職期間は過去の休職期間を通算する。
6　休職期間が満了しても復職できないときは、休職期間満了の日をもって退職とする。

（退職）
第○条　社員が次の各号の一に該当するに至ったときは、それぞれ定められた日に

199

第3部 就業規則・規程・各種書式例

自然退職したものとする。
(1) 死亡したとき　　死亡した日
(2) 休職期間が満了しても復職できないとき　　休職期間満了の日
(3) 行方不明になり1カ月以上連絡が取れないとき　　1カ月を経過した日
(4) 定年に達したとき　　（略）

【書式4】　就業規則例（休職規定〈契約社員〉）

（休職）
第○条　契約社員が、次のいずれかに該当するときは、契約期間満了までの範囲で、所定の期間休職を命じることがある。なお、その休職期間中に復職できないと認めるときは会社は休職を命じないことがある。
(1) 業務外の傷病による欠勤が当初の欠勤開始から暦日で通算して2週間以上に及んだ場合、または2カ月間の間に14日に及んだ場合。なお、同一または類似の病気の場合、欠勤期間を通算するものとする。
(2) 業務外の傷病によって万全の労務提供が期待できず、回復に相当の期間の療養が必要と認められるとき
(3) 契約社員が私傷病を理由として休職を申し出た場合
(4) 会社が必要と認めた場合
（以下略）

■　休職中の賃金、副業・兼業

【書式6】　就業規則例（休職期間中の賃金）

（給与の支払い）
第○条　給与の支払いはノーワーク・ノーペイを原則とする月給制とする。欠勤、遅刻、早退、中抜けなどにより所定就業時間の全部又は一部に就労しなかった場合、その不就労の日数及び時間に対する基本給及び諸手当（役職手当、営業手当、家族手当及び住宅手当を含む。以下同じ。）は支給しない。
2　前項の場合において、就労しなかった時間の計算は、当該給与計算期間の末日において合計し、次の計算式により計算して減額する。

$$減額分 = \frac{基本給及び諸手当}{当該月の所定労働時間} \times 休業した時間$$

3　賃金締切期間の中途において入社又は退職した者に対する当該給与計算期間における賃金は、次の計算式により算出した日割計算額により支給する。

$$支給分 = \frac{基本給及び諸手当}{当該月の所定労働時間} \times 勤務した日数$$

第3部　就業規則・規程・各種書式例

　4　異動等により給与を変更した場合は、それぞれの期間につき日割計算により支
　　給する

（みなし残業手当）

第○条　○○の者には、月○時間分の時間外労働割増賃金としてみなし残業手当を
　　支給する。月○時間を上回る時間外労働を行った場合、翌月の給与支給日に差額
　　を支給する。

　2　欠勤、休職、短時間労働や就労制限等により給与計算期間に時間外労働が見込
　　まれない場合にはみなし残業手当を支給しない。

（通勤手当）

第○条　通勤距離が片道○km以上の場合、公共交通機関を用いる場合は最も経済
　　的でかつ合理的な方法による1カ月の定期券代相当額、自動車を用いる場合は所
　　得税法の非課税限度額を限度として、通勤手当を支給する。

　2　欠勤、休職、出張、在宅勤務、年次有給休暇の取得その他の事由により給与計
　　算期間の全日数にわたって現実に通勤しない場合、通勤手当は支給しない。

　3　前項の事由や入退社等により給与計算期間において現実に通勤する日数が○日
　　に満たない場合、第1項にかかわらず、通勤手当として現実に通勤に要する往復
　　運賃の実費を支給する。

【書式8】　就業規則例（休職期間中の取扱い、副業・兼業）

（休職中の取扱い）

第○条　休職期間中の賃金は無給とし、休職期間中は昇級を実施しない。

　2～4　（略）。

　5　業務外の傷病による休職の場合、社員は療養に専念しなければならず、これに
　　反すると会社が判断した場合、休職を打ち切り、休職期間が満了したものとみな
　　したり、懲戒処分を科すことがある。

　6　休職期間中に会社から状況の報告を求められた場合、社員はこれに応じなけれ
　　ばならず、社員が正当な理由なく報告に応じなかった場合、会社は休職を打ち切
　　り、休職期間が満了したものとみなすことがある。

（副業・兼業）

第○条　社員は、勤務時間外において、所定の書式により会社に許可を申請し、そ
　　の許可を受けて他の会社等の業務に従事することができる。

　2　会社は、以下に該当しない場合、原則として社員からの前項の許可申請を許可
　　するものとする。

　　①　労務提供上の支障がある場合

　　②　企業秘密が漏洩する場合

　　③　会社の名誉や信用を損なう行為や、信頼関係を破壊する行為がある場

　　④　競業により、企業の利益を害する場合

201

第3部　就業規則・規程・各種書式例

■　復職に向けて

【書式15】　就業規則例（通勤訓練・試し出勤）

（休職・職場復帰に関する委員会）

第〇条　会社は第〇条第1項、同2項の対象となる従業員の休職発令の要否、職場復帰の可否に関する委員会（以下「休職委員会」という）を設置する。

　2　前項の委員会は、原則として、以下の者で構成し、総務部長を委員長とする。

　(1)　総務部長

　(2)　産業医、看護師、または会社が指定するスタッフ

　(3)　対象従業員の所属長、または上長

　3　上記委員会は、休職発令の要否、休職期間の決定、休職の中止、通勤訓練及び試し出勤の可否とその内容、及び、復職の可否の判断、復職後の慣らし勤務の内容を検討する。会社は委員会の報告を踏まえて、各種判断を行うものとする。

（通勤訓練）

第〇条　休職期間の終期までに残期間がある社員が復職を希望し、主治医の診断書を提出した場合、会社は休職委員会、産業医等の意見を踏まえて、復職の前提として、社員に通勤訓練を許可することがある。

　2　通勤訓練は休職期間中に行うものとする。社員は、その移動時における事故は労働災害に該当しないことを踏まえ、注意して行動するものとする。

　3　通勤訓練は労務の提供ではないことから、会社は社員に賃金等を支払わない。

　4　社員は通勤訓練の状況を毎週会社に報告し、また休職委員会の意見を踏まえて会社は第〇条に定める試しの可否を判断するものとする。

　5　具体的な通勤訓練の内容、スケジュールは個別に作成するものとする。

（試し出勤）

第〇条　休職期間の終期までに残期間がある社員が復職を希望し、第〇条に定める通勤訓練の結果を踏まえて、復職の前提として、会社が休職委員会、産業医等の意見を踏まえて社員の心身が試し出勤に耐えられると判断した場合、会社は試し出勤として社員が会社に出社することを許可する。

　2　試し出勤は休職期間中に行うものとする。社員は、その移動時、社内在社時における事故は労働災害に該当しないことを踏まえ、注意して行動するものとする。

　3　試し出勤は債務の本旨に従った労務の提供ではないことから、会社は社員に対して、賃金規程に基づく賃金等を支払わない。ただし、社員が会社の指示に従い軽作業等をした場合、必要に応じてその対価を支払うことがある。

　4　具体的な試し出勤の内容、スケジュールは個別に作成するものとする。

第3部 就業規則・規程・各種書式例

【書式17】 就業規則例（復職）

（復職）

第○条 第○条に定める休職事由が消滅した社員について、会社は原則として休職前の旧職務に復帰させる。ただし、以下各号に該当する場合、会社は職務内容や就業場所を変更することがある。

① 休職事由が消滅後も、後遺症その他復調が完全でないため旧職務を遂行することができない場合

② 休職前の等級等が定める職務遂行が困難と認める場合

③ その他各号に準じる場合

2 前項に基づき、職務内容や就業場所を変更する場合、または当該社員の心身の状態等から業務及び責任の軽減、労働時間の短縮などの措置を取る場合、会社は当該社員を配転または降格し、それに基づき異動または給与の変更措置を行うことがある。

（慣らし勤務）

第○条 会社は、復職した社員に対して、原則として3カ月の期間をもって、慣らし勤務を認めることがある。

2 慣らし勤務は、管理業務の軽減、シフトの変更、プロジェクトの配慮などがあるところ、その勤務の内容は個別事情に応じて定めるものとする。

3 慣らし勤務を受けるにあたっては、社員は、会社の指示に従い、産業医等の面談を受けるものとする。会社は、この面談等の結果を受けて、慣らし勤務の終了、変更、延長を行うことがある。

4 慣らし勤務を行うに伴い賃金の減額を行う場合、会社は、慣らし勤務期間中の業務の内容、業務の性質の変更、責任の程度などの軽減状況に伴い、合理的な範囲の基本給の減額、及び、管理職手当の不支給の措置などを取ることがある。

（復職後の対応）

第○条 社員は、復職後、必要に応じて、産業医と面談をし、また、会社に健康状態、業務の状況等を報告すること。

2 社員は、復職後に慣らし勤務を希望する場合、産業医との面談の後に慣らし勤務を申請することができる。会社はその要請を検討する。

（プライバシーの保護）

第○条 職務上、社員の個人情報を取り扱いまたは知りうる者は、その情報を上司等の指示なく、第三者に漏らしてはならない。

2 職務上、他の社員の個人情報を取り扱いまたは知りうる者は、別に定める個人情報保護規程に基づいてその情報を取り扱わなければならない。

（診断書等の費用負担）

第○条 休職、復職、および、これらに準ずる手続に必要な診断書等の費用負担は原則として以下のとおりとする、

203

第3部 就業規則・規程・各種書式例

(1) 社員負担

　社員本人の希望による休職の申し出に必要な診断書の発行に必要な費用、主治医の受診に必要な交通費、入院費、通勤訓練、試し出勤にかかる費用、本人の希望により利用する施設の費用、その他治療及び健康回復のために必要な費用

(2) 会社負担

　社員の主治医以外の会社指定医への受診、これに必要な旅費、診断書作成費用、医療情報提供にかかる費用、会社への報告等に必要な郵送費など休職や復職等の判断に関する会社が必要として求めるもの

2　前項以外の費用は、社員本人の負担とする。

【書式26】　就業規則例（メンタルヘルス不調を繰り返す場合）

（休職）

第○条　社員が、次のいずれかに該当するときは、所定の期間休職を命じることがある。なお、その休職期間中に復職できないと認めるときは会社は休職を命じないことがある。

(1)　業務外の傷病による欠勤が当初の欠勤開始から暦日で通算して2週間以上に及んだ場合、または2カ月間の間に14日に及んだ場合。なお、同一または類似の病気の場合、欠勤期間を通算するものとする。

(2)　（略）

（中略）

5　復職後1年月以内に、復職前の休職事由と同一または類似の事由により欠勤する場合、直ちに休職を発令することができ、休職期間は過去の休職期間を通算する。

〔各種書式〕

■　休職開始

【書式2】　休職発令書

休 職 発 令 書

　貴殿は、令和○年○月○日から同年○月○日までの間、業務外の傷病により欠勤しました。これは当社就業規則第○条第○項第○号に定める休職事由に該当します。

　したがいまして、当社は以下のとおり貴殿に対して休職を発令致します。

1　休職期間　　令和○年○月○日から同年○月○日まで

第3部 就業規則・規程・各種書式例

2 賃金　　不支給。

なお、傷病手当金につきましては、○○部（担当○○）まで確認をお願致します。

3 本人自己負担分の健康保険料等の支払いについて

毎月　振込金額　○○○○円

（内訳：健康保険料○○円、厚生年金保険料○○円、住民税○○円）

振込先　○○銀行○○支店　普通 No. ○○○○

口座名義人○○○○

4 復職について

復職を申し出る際は、休職期間満了日より○週間前までに、貴殿の主治医師の診断書を提出してください。その上で、当社は、貴殿に対して必要に応じて当社が指定する医師の受診（診断書の提出も含む）を求めることがあります。

なお、休職期間満了日に復職できないときは就業規則第○条○第○項に基づき自然退職となります。

5 その他

・休職期間中は療養に専念してください。

・休職期間中においても当社の就業規則が適用されますので、当社（及び当社に関係する取引先などの第三者も含む）の機密情報等が外部に流出するようなことがないよう十分に注意してください。

・その他不明点の連絡先　○○部　担当○○までいつでもご連絡ください。

末筆となりますが、貴殿の病状の回復を祈念しております。

以上

■　休職中

【書式3】　休業・復職のしおり

休業・復職のしおり

本書面は、当社の社員が私傷病で休職するに際し、休業中の注意点や復職する際に向けた手順を記載したものです。お時間があるときによく目を通してください。なお、ご不明な点については、当社人事部までお問い合わせください。

1 休職に向けた手続き

⑴ 診断書の提出について

まず、休職を検討した時点で、医師の診察を受けて、診断書を作成してもらってください（なお、診断書作成の費用は自己負担となっています。）。診断書には、

205

第3部　就業規則・規程・各種書式例

病名、休職の必要性、予想される治癒までの期間の内容を記載していただくようお願いします。

(2)　産業医等の診察について

次に、必要に応じて、当社の産業医（もしくは会社が指定する医師）を受診して頂いたり、当社（もしくは産業医など）からあなたの主治医に対してあなたの診療に関する情報提供を求めることがあります。その際には、医療情報開示同意書の提出が必要となりますのでご協力をお願い致します。

(3)　社会保険料について

みなさんの社会保険料の本人負担分について、通常は給与から天引きをして処理をしています。しかし、休職期間中は天引きができませんので、別途お支払い頂く必要があります。当社から、必要金額、支払期限、支払口座をご連絡致しますので、期限までにお忘れなくお支払いください。なお、休職期間中の賃金は支給されませんが、健康保険から傷病手当金が受給できる場合がありますので、ご不明な点は当社人事部までご確認ください。

2　休職中

(1)　休職期間中においては、まずは体調回復、病気治療に専念をしてください。

(2)　私傷病、特にメンタルヘルスの不調による休職の場合、あなたが考えているよりも療養期間が長くなることもあります。安易な自己判断はせず、主治医や産業医と良く相談し、決して無理をしないようにしてください。また、服薬についても、自己判断で勝手に服薬を中断したりせず、医師の服薬指示を守ってください。

(3)　あなたの上司や人事部からあなたに対して、毎月1回程度あるいは必要に応じ、現状の確認、職場復帰に関するお考えなどを聞くために連絡をすることがあります。当社から連絡（メールまたは電話）があった場合にはご返答をお願いします。また、健康面や安全配慮の見地から、当社からあなたのご家族や近親者に連絡を取る場合もあります。原則として、あなたに事前に確認の上で連絡をとるようにしますが、当社があなたに確認をすることが難しいときなどは、例外的にあなたのご家族らにあなたの事前の許可なく連絡を取ることがありますので、その点はご了承ください。

(4)　休職発令時に指定された休職期間が、あなたが当社において取得できる休職期間の上限より短い場合、休職期間を延長することができます。あなたの病状に応じて、休職期間の延長をご希望されるときは、主治医らと十分に相談の上で、毎月の連絡時もしくは休職期間が満了になる2週間前には当社までその旨をご連絡ください。

3　復職に向けた手続き

(1)　まず、あなたが復職を希望されたとしても、すぐに職場に復帰できるものではないことにご留意ください。長期間職場を離れた後は、当社の所定労働時間を職場で過ごすことが難しいこともあります。また、焦りから無理して出社することで、回復中であった健康を大きく損ねることもあります。そこで、復職

第3部 就業規則・規程・各種書式例

を希望されるときは、まずは当社にそのご意向をご連絡ください。

(2) 復職を希望される際、当社は、原則として主治医の診断書の提出をお願いしています。その際には主治医に依頼して診断書を取得し、当社の指定した期限までに提出をしてください（なお、復職のために提出する診断書作成費用は自己負担となります。）。また、主治医が、復職に向けて何等かの条件を課したり、注意点がある場合には、その診断書に記載してもらうようにしてください。

(3) あなたの復職の意思、及び、主治医の診断書を前提として、当社はあなたの復職可能性の有無、程度を検討します。なお、この段階で、当社の産業医や専門医への受診を依頼することがあります。

(4) 必要に応じて試し出勤を実施して、復職可能な健康状態かを確認することがあります。試し出勤については、次の4にまとめています。

(5) 復職の可否は、あなたの健康状態、担当予定の業務内容、試し出勤を行う場合におけるその結果、産業医の意見などを総合考慮して当社が判断致します。

4 試し出勤

(1) 復職にむけて、必要に応じて試し出勤を行うことがあります。期間や内容は、復職希望の際に、当社とあなたで協議した上で、当社が定めるものとします。

(2) 試し出勤として考えられる内容は以下のようなものがあります。

・短時間の出社から短時間の在社、所定労働時間までの在社

・週2～3日から5日の出社

・当社内での読書

・当社内での軽作業の従事

　　長期間の療養後にすぐにフルタイムで働くことはあなたが考えている以上にあなたに負担を掛けます。無理をして再度の休職になってしまわないよう、まずは出社できること、短時間から時間を増やして在社できること、さらには作業を行うことなど段階的に職場復帰に向けた準備を行いましょう。

(3) 試し出勤は復職ではなく休職扱いとなり、休職期間に含まれます。よって、復職を希望される際には、試し出勤の形で通勤再開の可能性を視野に入れつつ、休職期間の延長も選択肢にいれて慎重に判断することが重要です。

(4) 試し出勤は当社での勤務ではありませんので、交通費の支給や賃金の支払いはありません。ただし、軽作業に従事した場合などはその内容に応じた賃金が発生する場合があります。また、労災保険の適用外となりますので、移動の際には事故等に十分にご注意ください。当日、臨時に予定を変更することも想定していますので、決して無理をしないようにしてください。

5 復職時

(1) 復職後の職務については、原則として、あなたが休職前に担当していた職場、職務内容に復職することが多いです。しかしながら、あなたの要望、回復状況、産業医の意見などに基づき、当社が必要と判断した場合は、休職前の職務内容とは異なる職務や労働条件で復職する可能性があります。

(2) 復職に際して、会社は産業医、職場の上司、及びあなたとの面談の結果を考

207

第3部　就業規則・規程・各種書式例

　慮して、復職時期、職場、必要な就業上の配慮を決定します。

　以上が休職開始時から復職に至るまでの注意点となります。ご不明な点については、当社人事部までご確認ください。

以上

【書式5】　生活記録表

対象期間：　　　　年　　月　　日 ～ 　　　年　　月　　日					No	
氏名：						

	記入例	月　日	月　日	月　日	月　日	月　日
	○月 □日					
	水曜日	曜日	曜日	曜日	曜日	曜日
時間	活動内容	活動内容	活動内容	活動内容	活動内容	活動内容
1:00	↑					
2:00						
3:00	睡眠					
4:00						
5:00						
6:00	↓ 起床					
7:00	朝食					
8:00						
9:00	↑					
10:00	運動					
11:00	(○○スポーツ)					
12:00						
13:00	昼食					
14:00						
15:00	図書館					
16:00						
17:00	買い物					
18:00	↓					
19:00	家事手伝い					
20:00	夕食					
21:00						
22:00	就寝					
23:00	睡眠					
0:00						
備考	起床はスッキリで、昼間の図書館でも集中して本が読めた。食欲あり。					

（堤明純「厚生労働省労災疾病臨床研究事業費補助金　平成27年度総括・分担研究報告書メンタルヘルス不調による休職者に対する科学的根拠に基づく新しい支援方策の開発」44頁〈https://www.mhlw.go.jp/seisakunitsuite/bunya/koyou_roudou/roudoukijun/rousai/hojokin/dl/27_14070101-01.pdf〉）

第3部 就業規則・規程・各種書式例

【書式7】 請求書（社会保険料の請求）

令和○年○月○日

○○○○　殿

株式会社○○○○
○○長　　○○○○

社会保険料のご請求

　ご体調はいかがでしょうか。休職期間について、以下のとおりご連絡いたします。

　貴殿は、○○を理由に（○○クリニック○○○○医師の令和○年○月○日付診断書「○○により○月○日まで自宅療養を要する。」）、同年○月○日から同年○月○日までの○日間欠勤し、翌同月○日から休職期間を○カ月（令和○年○月○日まで）とする休職となっています（就業規則第○条1項1号「業務外の傷病により欠勤が○カ月間で○日以上に及んだとき」。）。

　欠勤中及び休職期間中の給与は、賃金規則第3条及び就業規則第17条4項の定めるところにより無給となっており、令和○年○月以降以下の社会保険料個人負担分が未払いとなっています。以下の計○円について、令和○年○月○日までに○○銀行○○支店○○口座○○名義（口座便号○○）にお支払いください。

　傷病手当金については請求書をお送りいただければ手続きを進めます。

	厚生年金保険料	健康保険料	計
令和○年○月分	○円	○円	○円
同年○月分	○円	○円	○円
同年○月分	○円	○円	○円
同年○月分	○円	○円	○円
同年○月分	○円	○円	○円
同年○月分	○円	○円	○円
同年○月分	○円	○円	○円
同年○月分	○円	○円	○円
計	○円	○円	○円

　療養に専念され、無事快癒されることを祈っております。

　ご不明点等あれば○○部　○○（電話：○○-○○○○-○○○○、E-Mail：○○@○○○○）宛てにご連絡ください。

以上

第3部　就業規則・規程・各種書式例

【書式9】　休職期間についての連絡

令和○年○月○日

○○　○○　殿

株式会社○○○○
○○長　○○　○○

休職期間についてのご連絡

　ご体調はいかがでしょうか。休職期間について、ご連絡いたします。
　貴殿は、○○を理由に（○○クリニック○○○○医師の令和○年○月○日付診断書「○○により○月○日まで自宅療養を要する。」）、同年○月○日から同年○月○日までの○日間欠勤し、翌同月○日から休職期間を○カ月（令和○年○月○日まで）とする休職となっています（就業規則第○条1項1号「業務外の傷病により欠勤が○カ月間で○日以上に及んだとき」。）。
　貴殿の休職期間は、就業規則第○条1項1号の定めに基づき、令和○年○月○日から令和○年○月○日までの○カ月間であり、上記期間が満了しても貴殿の業務外の傷病が治癒し復職できなければ、当社を退職することとなります（就業規則第○条）。
　復職を希望する場合は、社内手続きのため、休職期間満了の4週間前である同年○月○日までに、復職を可とする主治医の診断書を添えて○○部に復職願を提出してください。
　療養に専念され、無事快癒されることを祈っております。
　ご不明点等あれば○○部　○○（電話：○○－○○○○－○○○○、E-Mail：○○＠○○○○）宛てにご連絡ください。

以上

第3部　就業規則・規程・各種書式例

【書式10】職場復帰支援に関する情報提供依頼書

年　　月　　日

職場復帰支援に関する情報提供依頼書

病院
クリニック　　　　先生　御机下

〒
○○株式会社　　　○○事業場
産業医　　　　　　　　　　印
電話　○-○-○

　下記1の弊社従業員の職場復帰支援に際し、下記2の情報提供依頼事項について任意書式の文書により情報提供及びご意見をいただければと存じます。

　なお、いただいた情報は、本人の職場復帰を支援する目的のみに使用され、プライバシーには十分配慮しながら産業医が責任を持って管理いたします。

　今後とも弊社の健康管理活動へのご協力をよろしくお願い申し上げます。

記

1　従業員
氏　　名　○　○　○　○　　（男・女）
生年月日　　　年　　月　　日

2　情報提供依頼事項
（1）発症から初診までの経過
（2）治療経過
（3）現在の状態（業務に影響を与える症状及び薬の副作用の可能性なども含めて）
（4）就業上の配慮に関するご意見（疾患の再燃・再発防止のために必要な注意事項など）
（5）
（6）
（7）

（本人記入）
私は本情報提供依頼書に関する説明を受け、情報提供文書の作成並びに産業医への提出について同意します。
　　　　年　　月　　日　　氏名　　　　　　　　　　　　印

（手引き　様式例1）

211

第３部　就業規則・規程・各種書式例

【書式11】　職場復帰に関する意見書

年　　月　　日

人事労務責任者　殿

職場復帰に関する意見書

○○事業場
産業医　　　　　　印

事業場		所属		従業員番号	氏　名		男・女	年齢　　歳

目　的	（新規・変更・解除）

| 復職に関する意見 | 復職の可否　　　　　可　　　　条件付き可　　　　不可 |
| | 意見 |

就業上の配慮の内容(復職可又は条件付き可の場合)	・　時間外勤務(禁止・制限　　　H)　　・　交替勤務(禁止・制限) ・　休日勤務　(禁止・制限)　　　　　・　就業時間短縮(遅刻・早退　　　H) ・　出張　　　(禁止・制限)　　　　　・　作業転換 ・　配置転換・異動 ・　その他: ・　今後の見通し
面談実施日	年　　月　　日
上記の措置期間	年　　月　　日　〜　　　　　　年　　月　　日

（手引き　様式例３）

第３部　就業規則・規程・各種書式例

【書式12】　職場復帰及び就業上の配慮に関する情報提供書

年　　月　　日

職場復帰及び就業上の配慮に関する情報提供書

病院
クリニック　　　先生　御机下

〒
○○株式会社　　　○○事業場
産業医　　　　　　　　　　印
電話　○-○-○

　日頃より弊社の健康管理活動にご理解ご協力をいただき感謝申し上げます。
　弊社の下記従業員の今回の職場復帰においては、下記の内容の就業上の配慮を図りながら支援をしていきたいと考えております。
　今後ともご指導の程どうぞよろしくお願い申し上げます。

記

氏名			性別
	（生年月日　　　年　　月　　日　年齢　　歳）		男・女
復職（予定）日			
就業上の配慮の内容	・　時間外勤務（禁止・制限　　　H） ・　休日勤務　（禁止・制限） ・　出張　　　（禁止・制限） ・　配置転換・異動 ・　その他： ・　今後の見通し	・　交替勤務（禁止・制限） ・　就業時間短縮（遅刻・早退　　　H） ・　作業転換	
連絡事項			
上記の措置期間	年　　月　　日　～　　　年　　月　　日		

（手引き　様式例４）

213

第3部 就業規則・規程・各種書式例

【書式13】 同意書（主治医との面談および情報提供を求める同意）

株式会社〇〇〇〇
代表取締役　〇〇〇〇　殿

同　意　書

　貴社の私に対する復職の可否及び雇用上の配慮（やってはいけないこと、気を付けることなど）等の検討にあたり、貴社役員、社員及び会社指定医が、私の主治医である〇〇クリニック　〇〇医師と面談を行うこと及び情報提供を求めることについて、同意します。

以上

令和　　年　　月　　日

住所　_____

氏名　　　　　　　　　印

【書式14】 休職期間延長通知

令和〇年〇月〇日

〇〇　〇〇　殿

株式会社〇〇〇〇
〇〇長　〇〇　〇〇

休職期間についてのご連絡

　貴殿は、〇〇を理由に（〇〇クリニック〇〇〇〇医師の令和〇年〇月〇日付診断書「〇〇により〇月〇日まで自宅療養を要する。」）、同年〇月〇日から同年〇月〇日までの〇日間欠勤し、翌同月〇日から休職期間を〇カ月（令和〇年〇月〇日まで）とする休職となっています（就業規則第〇条1項1号「業務外の傷病により欠勤が〇カ月間で〇日以上に及んだとき」。）。

　貴殿の休職期間は、就業規則第〇条1項1号の定めに基づき、令和〇年〇月〇日から令和6年7月31日までの〇カ月間であり、上記期間が満了しても貴殿の業務外の傷病が治癒し復職できなければ、当社を退職することとなります（就業規則第〇条）。

　貴殿から同年8月1日付で復職の申出があり、本来であれば休職期間満了により退職となるところですが、復職の可否を判断するため、貴殿の休職期間を同年8月14日まで延長し、復職の可否を判断することといたしました。同日までに復職ができると判断できなかった場合、休職期間満了により退職となります。

　療養に専念され、無事快癒されることを祈っております。

214

第３部　就業規則・規程・各種書式例

ご不明点等あれば〇〇部　〇〇（電話：〇〇－〇〇〇〇－〇〇〇〇、E-Mail：〇〇@〇〇〇〇）宛てにご連絡ください。

以上

【書式16】　職場復帰までの留意事項、注意点

職場復帰までの留意事項、注意点

休職中から職場復帰までの間に、以下の内容に留意、注意して行動し、職場復帰を目指してください。

1　休職時の生活リズムについて

休職中においても、できるだけ就労中と同様の生活リズムを維持するようにしてください。

適切な生活リズムの維持は休職中の療養の効果を上げるためにも効果的と思われます。

2　職場復帰申請について

ご自身で無事復調したと感じる場合であっても、職場復帰にあたっては、会社はみなさんご自身の考えだけで職場復帰の可否を判断することはできません。主治医の診断を確認することは必須ですし、場合によっては当社における就労環境を理解している産業医や指定医の診断を求め、会社はそれらを踏まえて、職場復帰の可否を決定します。会社はあなたたち社員に対して安全配慮義務という法的責任を負っており、社員の安全を十分に考慮した上でみなさんに就労していただく必要があります。前項で述べたような、メンタルヘルス不調の再発、事故防止の観点から、慎重に判断をしますので、ご協力のほどよろしくお願いいたします。

3　職場復帰への助走について

一応、職場復帰が可能とみられる状況でも、無理や拙速な判断は禁物です。会社は、必要に応じて、あなたが通勤可能な状態にあるのかという点を確かめるために1－2週間ほど職場の最寄り駅まで行く、出勤時間帯に公共交通機関を利用するなどのことをお勧めする場合があります。

さらに、次に試験的に出社をしてみて、職場に在社しても問題ないことを確認する場合もあります。

会社は、みなさんの状況については、十分に理解する必要がありますので、会社からの指示に従い、適宜、状況を報告してください。

4　最後に

職場復帰を焦って再発することのないよう、上記1－3を念頭にしてできることから少しずつ進めていき、円滑な職場復帰につなげましょう。

以上

第３部　就業規則・規程・各種書式例

【書式18】　確認書例（慣らし勤務）

```
                                              年　月　日

　○○○○殿


　○○年○月○日付で貴殿が復職するに際し、以下の内容で３カ月間の慣らし勤務
を実施します。


　慣らし勤務期間　　　　　　○○年○月○日から○○年○月○日まで
　就労場所及び業務内容　　　○○○○○○○○○○
　注意事項　　　　　　　例　残業時間は週に10時間までとする。
　　　　　　　　　　　　　　管理業務は行わないものとする。
　賃金　　　　　　　　　　　就業規則○○条○項に基づく
　　　　　　　　　　　　　　上記期間中の賃金　○○○○円


　私、○○○○は上記の慣らし勤務の内容について十分に説明を受け、その記載内
容について同意します。


　日付　　　　年　　月　　日
　氏名
```

【書式19】　確認書例（リハビリ勤務）

```
                                              年　　月　　日

○○○○殿


　あなたの復職の可否の判断に参考にするために、復職に先立ち、以下の内容で２
週間の試し出勤を実施します。


期間　　　○○年○月○日から○○年○月○日まで
就労場所　○○
業務内容　読書、書類整理等の軽作業その他協議で決めた事項
注意事項
・　今回の試し出勤は、あなたの復職の可否の判断のために実施するものですが、
　あくまで休職期間中の試行であり、あなたに出勤する義務、出勤後に在社する義
　務、軽作業に従事する義務はいずれもありません。
・　心身の調子が悪い場合には、速やかに出勤を中止、又は作業の中止を申し出、
　退社をしてください。
・　復職の可否の判断のための試し出勤であるので、別途合意をした場合を除いて、
```

216

第3部　就業規則・規程・各種書式例

作業に対する賃金は発生しません。
・　試し出勤の実施は、あくまであなたの復職の可否を判断するための参考に実施するものであり、試し出勤後の復職をお約束するものではありません。
・　貴殿の出社、作業の状況をみて、試し出勤期間をさらに延長することがあります。

　　私、○○○○は上記のリハビリ勤務の内容について十分に説明を受け、その記載内容について同意します。
日付　　　　年　　　月　　　日
氏名

【書式20】　確認書（復職後の労働条件・賃金）

株式会社○○○○
代表取締役　○○　○○　殿

確認書

　　令和○年○月○日付で復職するにあたり、100％の力を出せず80％の力で仕事をせざるを得ず、時間外労働を行える状況ではないことに鑑み、当面は○○の役職から外れ、役職手当及び定額残業代を支給しないなど下記のとおり給与を変更すること、今後も体調等を見ながら業務、賃金額等について見直す可能性があること、復職から12カ月以内である令和○年○月○日までの間に従前の休職事由である抑うつ、不安状態または同類の事由により十分な労務の提供ができないと御社が判断した場合、労務の提供を拒否される可能性があること、体調に異変を生じた場合に貴社に申告することを確認します。

記

	現在の労働条件	復職後の労働条件
業務内容	○○業務	○○業務
役職	○○長	なし
基本給	○○万○○○○円	○○万○○○○円
役職手当	○万○○○○円	0円
定額残業代	○万○○○○円	0円
○○手当	○万○○○○円	○○万○○○○円
計	○○万○○○○円	○○万○○○○円

第3部 就業規則・規程・各種書式例

令和　年　月　日

住所

氏名　　　　　　　　　印

【書式21】 休職期間満了通知書

令和〇年〇月〇日

〇〇　〇〇　殿

株式会社〇〇〇〇
〇〇長　〇〇　〇〇

休職期間満了通知書

　貴殿は、〇〇を理由に令和〇年〇月〇日より休職されていますが、就業規則第〇条〇項の規定により、令和〇年〇月〇日をもって休職期間が満了し、同日をもって退職となりますことをここにご通知いたします。

　退職誓約書、退職手続書、返信用封筒を同封いたしますので、ご確認、ご記入の上同年〇月〇日までにご返送いただけますようお願いいたします。

　ご体調が一日も早く回復されますことを心よりお祈り申し上げます。

以上

■ 退　職

【書式22】 契約期間満了通知書

令和〇年〇月〇日

〇〇〇〇　殿

株式会社〇〇〇〇
〇〇長　〇〇〇〇

契約終了に関するご連絡

　当社と貴殿との間で締結されている労働契約は、令和〇年〇月〇日に契約期間が満了となります。

　そして、貴殿は体調不良により業務に従事することができないため、当社は貴殿との労働契約を更新いたしませんので、貴殿は同日をもって当社を退職となります。

　退職誓約書、退職手続書、返信用封筒を同封いたしますので、ご確認、ご記入の上同年〇月〇日までにご返送いただけますようお願いいたします。

　ご体調が一日も早く回復されますことを心よりお祈り申し上げます。

以上

218

第3部　就業規則・規程・各種書式例

【書式23】　退職合意書

合　意　書

　株式会社○○○○（以下、「甲」という。）と○○○○（以下、「乙」という。）とは、乙の離職その他甲乙間の雇用契約に関わる一切の件（以下、「本件」という。）に関して、以下のとおり合意（以下、「本合意書」という。）した。

1　甲及び乙とは、令和○年○月○日付で乙が甲を休職期間満了により退職したことを相互に確認する。なお、退職の諸手続きについては、甲の指示に従うものとする。

2　甲は、乙に対し、転身支援金として金○万円を令和○年○月○日までに乙の給与振込口座に振り込む方法により支払う。

3　甲は、乙に対し、乙の未消化の年次有給休暇の残日数○日分（以下、「年次有給休暇残日数」という。）につき、年次有給休暇残日数分に相当する金○万○○○○円（甲の時給相当額○○○○円×所定労働時間○時間に年次有給休暇残日数○日を乗じた金額）を、令和○年○月○日までに、公租控除の上、乙の給与振込口座に振り込む方法により支払う。振込手数料は甲の負担とする。

4　乙は、入社時又はその後に署名した「誓約書」を、雇用契約終了日の前後を問わず、遵守する。

5　乙は、甲から貸与された社員証・鍵・作業服等の全ての物品を、甲の指示するところに従って、指定された日までに甲に返還する。

6　甲及び乙は、本件について円満に解決したことを相互に確認し、乙の退職日の前後を問わず互いに誹謗中傷しないことを相互に約束する。なお、乙は、甲所定の退職時の誓約書等の提出も行うものとする。

7　甲及び乙は、本合意書の内容及び本合意書締結の経緯について、厳格に秘密として保持し、その理由の如何を問わず、その相手方の如何にかかわらず一切開示または漏えいしないことを相互に約束する。

8　甲及び乙は、甲と乙との間には、本合意書に定めるもののほか、乙が退職後にも負うべき守秘業務等の義務を除き、何らの債権債務がないことを相互に確認する。

以上の合意に達したので、本書2通を作成し、甲乙各1通を所持する。

　令和　　年　　月　　日

（甲）東京都
　　　株式会社○○○○
　　　代表取締役　○○　○○　印
（乙）住所
　　　氏名　　　　　　　　　印

219

第3部　就業規則・規程・各種書式例

【書式24】　退職手続書

<blockquote>

年　　月　　日

退職手続書

○○株式会社　御中
　　　　住　所

　　　　　　　　　　　　　　　　氏　名　　　　　　　　　印
　退職手続きについて以下のとおり届け出ます。
・　退職日　　　　年　　　月　　　日
・　連絡先　住　所
　　　　　　電　話
・　健康保険　　　1　喪失してよい　　　2　任意継続を希望する
・　住民税の支払　1　普通徴収にする　　2　一括徴収にする
・　社会保険資格喪失証明書の交付
　　　　　　　　　1　希望する　　　　　2　希望しない
・　離職票の交付　1　希望する　　　　　2　希望しない

</blockquote>

■　認定書

【書式25】　事実認定書（パワハラ）

<blockquote>

令和○年○月○日

○○○○　殿

株式会社○○○○
○○長　　○○○○

　貴殿からの令和○年○月○日付「パワーハラスメントに関する申し入れ書」（以下、単に「申し入れ書」ということがあります。）に関して、当社において関係者から事情を聴取し、当社において事実の有無および評価を判断したので、以下のとおり当社の見解をお伝えします。
1　申し入れ書1項について
　　○○が○月○日に○○したとの貴殿の主張については、事実であるとは判断できませんでした。
2　申し入れ書2項について
　　○○が○月○日に○○と発言したことは認めます。ただし、パワーハラスメントとは、①職場において行われる優位的な関係を背景とした言動であって、②業務上必要かつ相当な範囲を超えたものにより、③労働者の就業環境が害されるものをいうところ（労働施策の総合的な推進並びに労働者の雇用の安定及び職業生

</blockquote>

第3部　就業規則・規程・各種書式例

活の充実等に関する法律30条の2第1項参照）、当該発言は貴殿が○○したことから教育目的で行った発言であり、②業務上必要かつ相当なものであり、③労働者の就業環境が害されるものでもなく、パワーハラスメントには該当しないと判断しています。

3　申し入れ書3項について

　　具体的な日時および内容等が明らかでなく、事実の有無および評価を判断することはできません。

以上

〔健康情報等の取扱規程〕

厚生労働省「事業場における労働者の健康情報等の取扱規程を策定するための手引き」（2019年3月）〈https://jsite.mhlw.go.jp/tokyo-roudoukyoku/content/contents/000731443.pdf〉を一部加工。

【書式27】　健康情報等の取扱規程

健康情報等の取扱規程

　本取扱規程は、業務上知り得た従業員の心身の状態に関する情報（以下「健康情報等」という。）を適切かつ有効に取り扱うことを目的として定めるものである。

（目的）

第1条　○○○（社名又は事業場名）における業務上知り得た健康情報等は、「健康確保措置の実施」又は「安全配慮義務の履行」のために本取扱規程に則り、適切に取り扱う。

2　健康情報等を取り扱う者は、あらかじめ従業員本人の同意を得ることなく、前項で定めた利用目的の達成に必要な範囲を越えて、健康情報等を取り扱ってはならない。ただし、個人情報保護法第18条第3項の各号に該当する場合を除く。

（健康情報等）

第2条　健康情報等は 別表1 の内容を指す。

（健康情報等の取扱い）

第3条　「健康情報等の取扱い」とは、健康情報等に係る収集から保管、使用（第三者提供を含む。）、消去までの一連の措置を指し、別表2のとおり定義する。

別表2 ：健康情報等の取扱いに関する定義

方法の種類	具体的内容
収集	健康情報等を入手すること

221

第3部 就業規則・規程・各種書式例

保管	入手した健康情報等を保管すること
使用	健康情報等を取り扱う権限を有する者が、健康情報等を（閲覧を含めて）活用すること、また第三者に提供すること
加工	収集した健康情報等の他者への提供に当たり、当該健康情報等の取扱いの目的の達成に必要な範囲内で使用されるように変換すること。（例えば、健康診断の結果等をそのまま提供するのではなく、所見の有無や検査結果を踏まえ、医師の意見として置き換えることなど。）
消去	収集、保管、使用、加工した情報を削除するなどして使えないようにすること

（健康情報等を取り扱う者及びその権限並びに取り扱う健康情報等の範囲）

第4条 健康情報等を取り扱う者を、別表3のとおり区分する。

2 健康情報等を取り扱う責任者（以下「責任者」という。）は別途定める。

3 健康情報等を取り扱う者とその権限、取り扱う健康情報等の範囲を、別表4に定める。

4 別表3に定めた権限を越えて健康情報等を取り扱う場合は、責任者の承認を得るとともに、従業員本人の同意を得る。

5 健康情報等を取り扱う者は、職務を通じて知りえた従業員の健康情報等を他人に漏らしてはならない。

（健康情報等を取り扱う目的等の通知方法及び本人同意の取得方法）

第5条 健康情報等を取り扱う場合には、あらかじめその利用目的・取扱方法を労働者本人に通知又は公表する。公表していない場合であって情報を取得した場合には、速やかにその利用目的等を従業員本人に通知する。

2 健康情報等の分類に応じた従業員本人の同意取得について、別表5のとおり定める。

別表5：健康情報等の分類と同意取得の有無・方法

①法令に基づき、収集する情報	従業員本人の同意を得ずに収集することができる。
②法令で定められていない項目について収集する情報	適切な方法により従業員本人の同意を得ることで収集することができる。取扱規程に定めている情報に関しては、本取扱規程が、従業員本人に認識される合理的かつ適切な方法により周知され、従業員本人が本取扱規程に規定されている健康情報等を本人の意思に基づき提出したことをもって、当該健康情報

222

第3部　就業規則・規程・各種書式例

| | の取扱いに関する従業員本人からの同意の意思が示されたものと解する。 |

3　個人情報保護法20条第2項の各号に該当する場合は従業員本人の同意取得は必要としない。

（健康情報等の適正管理の方法）

第6条　利用目的の達成に必要な範囲において、健康情報等を正確かつ最新の内容に保つよう努める。

2　健康情報等の漏えい・滅失・改ざん等を防止するため、組織的、人的、物理的、技術的に適切な措置を講ずる。

・責任者は、健康情報等があらかじめ定めた方法に従って取り扱われていることを確認する。

・第4条第1項に定められた者以外は原則、健康情報等を取り扱ってはならない。

・健康情報等を含む文書（磁気媒体を含む。）は施錠できる場所への保管、記録機能を持つ媒体の持ち込み・持ち出し制限等により情報の盗難・紛失等の防止の措置を講ずる。

・健康情報等のうち、体系化され、検索可能な個人データに当たるものを扱う情報システムに関して、アクセス制限、アクセス記録の保存、パスワード管理、外部からの不正アクセスの防止等により、情報の漏えい等の防止の措置を講ずる。

3　健康情報等は、法令又は社則等に定める保存期間に従い保管する。利用目的を達した場合は、速やかに廃棄又は消去するよう努める。

4　情報の漏えい等が生じた場合には、速やかに第4条第2項に定められた責任者へ報告する。また、事業場内部において報告及び被害の拡大防止、事実関係の調査及び原因の究明、影響範囲の特定、再発防止策の検討及び実施、影響を受ける可能性のある本人への連絡等並びに事実関係及び再発防止策の公表などの必要な措置を講じる。

5　健康情報等の取扱いを委託する場合は、委託先において当該健康情報等の安全管理措置が適切に講じられるよう、委託先に対して必要かつ適切な監督を行う。

（健康情報等の開示、訂正等（追加及び削除を含む。以下同じ。）及び使用停止等（消去及び第三者への提供の停止を含む。以下同じ。））

第7条　従業員本人より別途定める方法により当該本人の健康情報等の開示請求を受けた場合、本人に対し、遅滞なく、当該健康情報等の書面の交付による方法又は請求を行った者が同意した方法で開示する。権限を有する者が当該情報を開示する。また、従業員本人が識別される情報がないときにはその旨を知らせる。

2　ただし、開示することにより、従業員本人又は第三者の生命、身体、財産その他の権利利益を害するおそれがある場合や、業務の適正な実施に著しい支障を及ぼすおそれがある場合等には、開示請求を受けた情報の全部又は一部を開示しないことができる。また、その場合は遅滞なく従業員本人に対してその旨を通知す

223

第3部　就業規則・規程・各種書式例

る。また、従業員本人に通知する場合には、本人に対してその理由を説明するように努める。開示に関しては、開示の受付先、開示に際して提出すべき書面の様式等の請求に応じる手続きを定め、従業員本人に周知する。

3　従業員本人より当該本人の健康情報等について訂正、追加、削除、使用停止（第三者への提供の停止を含む。以下「訂正等」という。）の請求を受けた場合で、その請求が適正であると認められる場合には、訂正等を行う。訂正等を行った場合、又は行わなかった場合いずれの場合においても、その内容を従業員本人へ通知する。

4　ただし、訂正等の請求があった場合でも、利用目的から見て訂正等の必要がない場合、誤りである指摘が正しくない場合、訂正等の対象が事実でなく評価に関する情報である場合には、訂正は行わない。ただし、その場合には、遅滞なく、訂正等を行わない旨を従業員本人に通知する。また、従業員本人に対して訂正等を行わない理由を説明するよう努める。なお、評価に関する健康情報等に、評価の前提となっている事実も記載されており、それに誤りがある場合においては、その限りにおいて訂正等を行う。

（健康情報等を第三者に提供する場合の取扱い）

第8条　あらかじめ従業員本人の同意を得ることなく、健康情報等を第三者へ提供してはならない。ただし、個人情報保護法第27条第1項に該当する場合（※1）を除く。

※1：具体的には次の場合を指す。

・労働安全衛生法第66条第1項から第4項、第66条の8第1項、第66条の8の2第1項、第66条の8の4第1項、第66条の10第3項の規定に基づき、健康診断又は面接指導等の実施を委託するために必要な労働者の個人情報を外部機関（健康診断実施機関や産業保健総合支援センターの地域窓口（地域産業保健センター）等）に提供する場合、その他法令に基づく場合

・人の生命、身体又は財産の保護のために必要がある場合であって、従業員本人の同意を得ることが困難である場合

・公衆衛生の向上又は児童の健全な育成の推進のために特に必要がある場合であって、従業員本人の同意を得ることが困難である場合

・国の機関若しくは地方公共団体又はその委託を受けた者が法令の定める事務を遂行することに対して協力する必要がある場合であって、本人の同意を得ることにより当該事務の遂行に支障を及ぼすおそれがある場合

2　健康情報等を第三者に提供する場合、個人情報保護法第29条に則り記録を作成・保存する。

（第三者から健康情報等の提供を受ける場合の取扱い）

第9条　第三者から健康情報等（個人データ）の提供を受ける場合には、個人情報保護法第30条に則り、必要な事項について確認するとともに、記録を作成・保存する。

（事業承継、組織変更に伴う健康情報等の引継ぎに関する事項）

224

第3部　就業規則・規程・各種書式例

第10条　合併、分社化、事業譲渡等により他の事業者から事業を承継することに伴って健康情報等を取得する場合、安全管理措置を講じた上で、適正な管理の下、情報を引き継ぐ。

2　労働安全衛生法によらず取り扱う情報のうち、承継前の利用目的を超えて取り扱う場合には、あらかじめ従業員本人の同意を得る。

（健康情報等の取扱いに関する苦情の処理）

第11条　健康情報等の取扱いに関する苦情は○○○（部署名等）が担当する。連絡先は以下とする。

・電　　話：○○○○

・メール：○○○○

2　苦情に適切かつ迅速に対処するものとし、必要な体制を整備する。

（取扱規程の従業員への周知の方法）

第12条　本取扱規程は事業所への備え付け及び社内データベースへの掲載により従業員に周知する。

2　従業員が退職後に、健康情報等を取り扱う目的を変更した場合には、変更した目的を退職者に対して周知する。

（教育・啓発）

第13条　健康情報等の取扱いに関して、健康情報等を取り扱う者（事業者を含む。）及びそれ以外の従業員を対象に○○ごと（頻度）に研修を行う。

（その他）

第14条　本取扱規程の主幹部署は、○○○（部署名等）とする。

第15条　年1回及び必要に応じて、本取扱規程の見直しを行う。改訂は○○○（会議名等）において行う。

第16条　本規程は、○○○○年○月○日より実施する。

別表1：健康情報等の具体的内容（例）

①安衛法第65条の2第1項の規定に基づき、会社が作業環境測定の結果の評価に基づいて、従業員の健康を保持するため必要があると認めたときに実施した健康診断の結果

①-1　上記の健康診断の受診・未受診の情報

②安衛法第66条の第1項から第4項までの規定に基づき会社が実施した健康診断の結果並びに安衛法第66条第5項及び第66条の2の規定に基づき従業員から提出された健康診断の結果

②-1　上記の健康診断を実施する際、当社が追加して行う健康診断による健康診断の結果

②-2　上記の健康診断の受診・未受診の情報

③安衛法第66条の4の規定に基づき会社が医師又は歯科医師から聴取した意見及び

第３部　就業規則・規程・各種書式例

　　第66条の５第１項の規定に基づき会社が講じた健康診断実施後の措置の内容
④安衛法第66条の７の規定に基づき会社が実施した保健指導の内容
④－１　上記の保健指導の実施の有無
⑤安衛法第66条の８第１項（第66条の８の２第１項、第66条の８の４第１項）の規
　定に基づき会社が実施した面接指導の結果及び同条第２項の規定に基づき従業員
　から提出された面接指導の結果
⑤－１　上記の労働者からの面接指導の申出の有無
⑥安衛法第66条の８第４項（第66条の８の２第２項、第66条の８の４第２項）の規
　定に基づき会社が医師から聴取した意見及び同条第５項の規定に基づき会社が講
　じた面接指導実施後の措置の内容
⑦安衛法第66条の９の規定に基づき会社が実施した面接指導又は面接指導に準ずる
　措置の結果
⑧安衛法第66条の10第１項の規定に基づき会社が実施した心理的な負担の程度を把
　握するための検査（以下「ストレスチェック」という。）の結果
⑨安衛法第66条の10第３項の規定に基づき会社が実施した面接指導の結果
⑨－１　上記の労働者からの面接指導の申出の有無
⑩安衛法第66条の10第５項の規定に基づき会社が医師から聴取した意見及び同条第
　６項の規定に基づき会社が講じた面接指導実施後の措置の内容
⑪安衛法第69条第１項の規定に基づく健康保持増進措置を通じて会社が取得した健
　康測定の結果、健康指導の内容等
⑫労働者災害補償保険法第27条の規定に基づき、従業員から提出された二次健康診
　断の結果及び労災保険法の給付に関する情報
⑬治療と仕事の両立支援等のための医師の意見書
⑭通院状況等疾病管理のための情報
⑮健康相談の実施の有無
⑯健康相談の結果
⑰職場復帰のための面談の結果
⑱（上記のほか）産業保健業務従事者が労働者の健康管理等を通じて得た情報
⑲任意に従業員から提供された本人の病歴、健康に関する情報

別表３：健康情報等を取り扱う者の分類

〈常時使用する労働者が10人以上の事業場の例〉

健康情報等を取り扱う者	具体的内容	表記
ア）人事に関して直接の権限を持つ監督的地位にある者	社長、役員、人事部門の長	担当ア
イ）産業保健業務従事者	産業医（専属・嘱託）、保健師・看護師、衛生管理者、衛生推進者（安	担当イ

第3部　就業規則・規程・各種書式例

	全衛生推進者）	
ウ）管理監督者	労働者本人の所属長	担当ウ
エ）人事部門の事務担当者	人事部門の長以外の事務担当者	担当エ

別表4：健康情報等を取り扱う者及びその権限並びに取り扱う健康情報等の範囲

〈常時使用する労働者が10人以上の事業場の例〉

健康情報等の種類	取り扱う者及びその権限			
	担当ア	担当イ	担当ウ	担当エ
①　安衛法第65条の2第1項の規定に基づき、会社が作業環境測定の結果の評価に基づいて、従業員の健康を保持するため必要があると認めたときに実施した健康診断の結果	△	○	△	△
①-1　上記の健康診断の受診・未受診の情報	◎	○	△	△
②　安衛法第66条の第1項から第4項までの規定に基づき会社が実施した健康診断の結果並びに安衛法第66条第5項及び第66条の2の規定に基づき従業員から提出された健康診断の結果	△	○	△	△
②-1　上記の健康診断を実施する際、会社が追加して行う健康診断による健康診断の結果	△	○	△	△
②-2　上記の健康診断の受診・未受診の情報	◎	○	△	△
③　安衛法第66条の4の規定に基づき会社が医師又は歯科医師から聴取した意見及び第66条の5第1項の規定に基づき会社が講じた健康診断実施後の措置の内容	◎	○	△	△
④　安衛法第66条の7の規定に基づき会社が実施した保健指導の内容	△	○	△	△
④-1　上記の保健指導の実施の有無	◎	○	△	△
⑤　安衛法第66条の8第1項（第66条の8の2第1項、第66条の8の4第1項）の規定に基づき会社が実施した面接指導の結果及び同条第2項の規定に基づき従業員から提出された面接指導の結果	△	○	△	△
⑤-1　上記の労働者からの面接指導の申出の有無	◎	○	△	△
⑥　安衛法第66条の8第4項（第66条の8の2第2項、第66条の8の4第2項）の規定に基づき会社が医師から聴取した意見及び同条第5項の規定に基づき会社が講じた面接指導実施後の措置の内容	◎	○	△	△

227

⑦ 安衛法第66条の9の規定に基づき会社が実施した面接指導又は面接指導に準ずる措置の結果	◎	○	△	△
⑧ 安衛法第66条の10第1項の規定に基づき会社が実施したストレスチェックの結果	△	○	△	△
⑨ 安衛法第66条の10第3項の規定に基づき会社が実施した面接指導の結果	○	△	△	
⑨-1 上記の労働者からの面接指導の申出の有無	◎	○	△	△
⑩ 安衛法第66条の10第5項の規定に基づき会社が医師から聴取した意見及び同条第6項の規定に基づき会社が講じた面接指導実施後の措置の内容	◎	○	△	△
⑪ 安衛法第69条第1項の規定に基づく健康保持増進措置を通じて会社が取得した健康測定の結果、健康指導の内容等	△	○	△	△
⑫ 労働者災害補償保険法第27条の規定に基づき、従業員から提出された二次健康診断の結果及び労災保険法の給付に関する情報	△	○	△	△
⑬ 治療と仕事の両立支援等のための医師の意見書	△	○	△	△
⑭ 通院状況等疾病管理のための情報	△	○	△	△
⑮ 健康相談の実施の有無	△	○	△	△
⑯ 健康相談の結果	△	○	△	△
⑰ 職場復帰のための面談の結果	△	○	△	△
⑱ （上記のほか）産業保健業務従事者（担当イ）が労働者の健康管理等を通じて得た情報	△	△	△	
⑲ 任意に従業員から提供された本人の病歴、健康に関する情報	△	○	△	△

※◎：事業者が直接取り扱う。

※○：情報の収集、保管、使用、加工、消去を行う。

※△：情報の収集、保管、使用を行う。なお、使用に当たっては、労働者に対する健康確保措置を実施するために必要な情報が確実に伝達されるよう、医療職が集約・整理・解釈するなど適切に加工した情報を取り扱う。

● 編者 ●

根本法律事務所

〒101-0052

東京都千代田区神田小川町１丁目６番地４　新福神ビル３階

TEL　03-3251-6600

FAX　03-3251-6655

URL　http://www.nemoto-law.jp

● 執筆者 ●

根本　義尚（ねもと　よしひさ）

［略歴］

中央大学大学院博士前期課程修了／平成15年弁護士登録

青山学院大学大学院講師、その他学校法人役員等、経営法曹会議所属、東京経営者協会労務相談員、東京三弁護士会労働訴訟等協議会委員、第一東京弁護士会労働法制委員会ダイバーシティ部会副部会長

［主な著書・論文］

『判例にみる使用者の責任』（共著、新日本法規出版）

『管理職のための労働契約法　労働基準法の実務』（共著、清文社）

『実務コンメンタール 労働基準法 労働契約法〔初版〕』（共著、労務行政）

『これで安心！地域ユニオン（合同労組）への対処法〔補訂版〕─団交準備・交渉・妥結・団交外活動への対応─』（共著、民事法研究会）

『雇用契約変更の実務必携 Q&A─雇用を維持する合理化策と新しい働き方─』（共著、民事法研究会）、ほか多数

業務の大半が企業および法人からの人事労務問題への対応となっていますが、その中でも、訴訟や行政機関への申立て等に至る前に対応策を練り、未然に係争となることを防ぐ予防法務に力を入れています。

著者一覧

萩原　大吾（はぎはら　だいご）

[略歴]

慶應義塾大学経済学部卒業、同大学院法務研究科修了／平成20年弁護士登録

[主な著書・論文]

『諸手当管理の教科書―現状をとらえあるべき姿へ改革を進めるために―』（共著、労務行政）

『雇用契約変更の実務必携Q&A―雇用を維持する合理化策と新しい働き方―』（共著、民事法研究会）

『懲戒処分・解雇』（共著、労務行政）

『募集・採用・内定・入社・試用期間』（共著、労務行政）

『賃金・手当・賞与・退職金』（共著、労務行政）、ほか多数

　問題となっている法的リスクの発見、分析、説明に加えて、社風やポリシーを踏まえ、依頼者の方の迷いを共有したうえで答えを探すこと、一緒に考えて解決することを心掛けています。

村田　浩一（むらた　こういち）

[略歴]

中央大学大学院法務研究科修了／平成22年弁護士登録

中央大学講師、その他法人役員等、経営法曹会議所属、第一東京弁護士会労働法制委員会所属

[主な著書・論文]

『退職勧奨・希望退職募集・PIPの話法と書式』（編著、青林書院）

『同一労働・同一賃金の実務と書式』（編著、青林書院）

『SNSをめぐるトラブルと労務管理―事前予防と事後対策・書式付き―〔第2版〕』（共著、民事法研究会）

『外国人雇用の法律相談Q&A―在留資格の確認から労務管理まで―』（編

集代表、法学書院）

『変化する雇用社会における人事権〜配転、出向、降格、懲戒処分等の現
　代的再考〜』（共著、労働開発研究会）、ほか多数

　わかりやすい説明、すぐ使える書式・文案・話法・Q&A 等のご提供、
交渉・面談同席、スピード感など懇切丁寧な、痒い所に手が届く対応を
心掛けています。SNS、広報、ハラスメント、Z 世代、生成 AI に関心
があります。

職場におけるメンタルヘルス不調対策の実務と書式

令和6年8月31日　第1刷発行

編　者　　根本法律事務所
発　行　　株式会社　民事法研究会
印　刷　　藤原印刷株式会社

発行所　株式会社　民事法研究会
〒150-0013　東京都渋谷区恵比寿3-7-16
　　　　〔営業〕TEL 03(5798)7257　FAX 03(5798)7258
　　　　〔編集〕TEL 03(5798)7277　FAX 03(5798)7278
　　　　http://www.minjiho.com/　　info@minjiho.com

落丁・乱丁はおとりかえします。　ISBN978-4-86556-638-3　C2032
カバーデザイン：関野　美香

雇用契約変更について、具体的な事例に基づいたＱ＆Ａ形式で平易に解説！

〈実務必携Ｑ＆Ａシリーズ〉

雇用契約変更の実務必携Ｑ＆Ａ
―雇用を維持する合理化策と新しい働き方―

三上安雄・増田陳彦・根本義尚・
萩原大吾・村田浩一・瀬戸賀司　著

Ａ５判・323頁・定価 3,630 円(本体 3,300 円＋税 10％)

▶働き方改革や新型コロナウイルスの感染拡大にともない、近年大きく変化した雇用環境に対応するために、新しい雇用形態をめぐる問題の考え方や対応策、実務上の留意点を、実務経験の豊富な弁護士が書式を織り込んでわかりやすく解説！
▶第１章「雇用を維持する合理化策」では、厳しい業績の下でも人員削減等をせず、配転・転勤、出向・雇用シェアなど労働条件や勤務内容の変更等で雇用維持を図る方策を提示！
▶第２章「社会変容、時代変化に伴う新しい働き方」では、テレワーク、フレックスタイム制、副業・兼業、限定正社員、ジョブ型雇用など時代に即した雇用形態を解説！
▶企業の人事・労務担当者はもとより実務家にとって必携！

本書の主要内容

第１章　雇用を維持する合理化策
1　総　論
2　配置転換・転勤
3　出向・雇用シェア契約
4　転　籍
5　労働者派遣の活用
6　休業・一時帰休・ワークシェアリング
7　労働条件の不利益変更
8　妊産婦の保護や育児と就業の両立
9　高年齢者の活用
10　退職者の活用
11　業務委託契約への切替え

第２章　社会変容、時代変化に伴う新しい働き方
1　総　論
2　テレワーク（在宅勤務等）
3　フレックスタイム制
4　副業・兼業
5　限定正社員
6　成果主義型賃金制度
7　日本的ジョブ型雇用

詳しい目次は
こちらから→

発行　民事法研究会

〒150-0013　東京都渋谷区恵比寿 3-7-16
（営業）TEL. 03-5798-7257　FAX. 03-5798-7258
http://www.minjiho.com/　info@minjiho.com

長年の経験で得た実践的ノウハウを開示！

職場のメンタルヘルス対策の実務必携Q&A
―適正手続とトラブル防止の労務マニュアル―

岡芹健夫　著

A５判・278頁・定価 2,970円（本体 2,700円＋税10％）

▶極めて慎重かつ丁寧・親身な対応が求められる職場のメンタルヘルス不調者に対し、回復に向けた適正な支援のあり方、治療中における会社の対応から回復後における復職の進め方など、あらゆる問題に対処できるようにまとめられた実践的手引書！

▶メンタル不調者に対して適宜・適切な対応をするために就業規則の改訂内容、メンタル不調者に対する休職命令の発令とその内容など、関連する文例を収録して、懇切・丁寧に解説した待望の書！

▶長年にわたりメンタルヘルス問題へのあるべき対策・対応のあり方や各種トラブル解決に取り組んできた著者が、知っておくべき基礎知識から多様な具体的場面における適正な手続・対処策を具体的に開示した、企業の人事・労務関係者や職場の管理・監督者のための必携の手引書！

本書の主要内容

第１章　メンタルヘルスの実情と法律
第２章　採用とメンタルヘルスをめぐる諸問題
第３章　メンタルヘルスに対する日常的な体制づくり
第４章　メンタルヘルス不調者の早期発見と発見時の対応
第５章　休職とその期間中の対応
第６章　休職から復職または退職への対応
第７章　復職に際しての留意点等
第８章　精神障害が業務上疾病である場合（労働災害）
第９章　メンタルヘルス問題に対応する就業規則の改訂文例

HPの商品紹介は
こちらから→

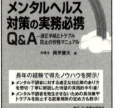

発行　民事法研究会

〒150-0013　東京都渋谷区恵比寿 3-7-16
（営業）TEL. 03-5798-7257　　FAX. 03-5798-7258
http://www.minjiho.com/　　info@minjiho.com

令和2年・3年の認定基準の改正に対応！

過労死・過労自殺の救済Q&A〔第3版〕
―労災認定と企業賠償への取組み―

大阪過労死問題連絡会　編

A5判・272頁・定価2,750円(本体2,500円+税10％)

▶被災者・遺族はもとより、支援する弁護士・関係者等にもぜひ手にとって役立ててほしい1冊！
▶被災者・遺族の立場に立って労災認定を得る方法と企業に対する賠償責任の追及方法をQ&Aで示した実用的な手引！
▶2020年5月にパワーハラスメントを心理的負荷に明示、さらに同年8月の複数事業労働者の判断方法を変更した過労自殺認定基準の改正、2021年9月に労働時間とそれ以外の負荷要因を総合的に判断するなど20年ぶりに全面改正された過労死認定基準に対応して、労災認定の手続と認定を得るための具体的な方法について、わかりやすく解説！
▶最新の法令・判例に基づき過労死・過労自殺を引き起こした企業の賠償責任の追及方法も示す！

本書の主要内容

第1章　基礎知識
- Q1　過労死・過労自殺の意味と発生件数、認定状況
- Q2　労災申請（1）――手続
- Q3　労災申請（2）――時効
- Q4　労災申請（3）――補償の内容　ほか

第2章　過労死の認定基準
- Q12　認定基準の令和3年改正
- Q13　過労死の認定基準の基本的な考え方
- Q14　過労死の認定基準（1）――「長期間の過重業務」
- Q15　過労死ラインに近い時間外労働
- Q16　一定の労働時間以外の負荷要因　ほか

第3章　過労自殺の認定基準
- Q21　過労自殺の認定基準（1）――基本的な考え方
- Q22　過労自殺の認定基準（2）――「ストレス－脆弱性」理論
- Q23　過労自殺の認定基準（3）――認定基準の要件と判断手順
- Q24　対象となる精神障害と発病の判断
- Q25　業務による心理的負荷の評価の判断（1）
　　　――判断の仕組みと手順
- Q26　業務による心理的負荷の評価の判断（2）
　　　――長時間労働の位置づけ
- Q27　業務による心理的負荷の評価の判断（3）
　　　――ハラスメントの位置づけ
- Q28　業務による心理的負荷の評価の判断（4）
　　　――複数出来事の評価　ほか

第4章　こんなケースも過労死、過労自殺
- Q38　病名がわからなくとも過労死と認定される

- Q39　喘息による死亡、てんかんによる死亡も労災認定されることがある
- Q40　重い基礎疾病があった場合
- Q41　事業場外労働や裁量労働制の場合でも時間外労働は認められるか、テレワークだとどうなるか
- Q42　サービス残業・持ち帰り残業はどのように立証すればよいか
- Q43　営業に伴う接待は労働時間に含まれるか　ほか

第5章　企業責任の追及
- Q58　企業責任を追及する意義
- Q59　損害賠償を請求するための法律上の要件
- Q60　損害賠償の相手方（1）――一般の場合
- Q61　損害賠償の相手方（2）――派遣・請負の場合
- Q62　損害賠償の内容　ほか

資料編

発行　民事法研究会

〒150-0013　東京都渋谷区恵比寿3-7-16
（営業）TEL. 03-5798-7257　FAX. 03-5798-7258
http://www.minjiho.com/　info@minjiho.com

パワハラ防止法・新労災認定基準に対応！

職場のいじめ・パワハラと法対策〔第5版〕

弁護士　水谷英夫　著

A5判・377頁・定価3,960円（本体3,600円＋税10％）

▶セクハラ、マタニティ・ハラスメント、アカデミック・ハラスメントから新型コロナウイルスに関連したハラスメントまで、あらゆるハラスメントに対する対処法を、具体的にわかりやすく解説！

▶機能的な社内相談窓口の整備、弁護士など法律専門家が相談を受けた場合、どのような話の聞き方をしたら的確な助言につながるのか、日頃の予防対策のための周知方法、研修、実態調査など、解決につながる具体的な方法を、被害者・加害者・企業それぞれのケースについて解説！

▶弁護士、企業の人事・労務担当者や従業員の相談窓口担当者、管理職、社会保険労務士、カウンセラーや労働局等の行政機関の相談担当者にも最適！　正社員、公務員、研究職、医療従事者、介護職、アルバイトなど、あらゆる労働者の相談に対応できる！

本書の主要内容

第1章　「ハラスメント」とは？
- Ⅰ　「ハラスメント」とは？
- Ⅱ　ハラスメントの実態～日本の場合
- Ⅲ　ハラスメントの実態と対策～国際的には？
- Ⅳ　職場のいじめ・パワハラの特徴・構造

第2章　職場のいじめ・パワハラの法的責任
- Ⅰ　ハラスメントと法的責任の諸相
- Ⅱ　パワハラ防止法等の内容
- Ⅲ　民事責任
- Ⅳ　使用者責任
- Ⅴ　労災補償
- Ⅵ　刑事責任
- Ⅶ　懲戒処分

第3章　ハラスメントに対する対処法―「被害者」側
- Ⅰ　はじめに
- Ⅱ　被害者自身の対処法
- Ⅲ　被害者のサポート
- Ⅳ　弁護士等の対処法
- Ⅴ　法的手段

第4章　ハラスメントに対する対処法―「行為者（＝加害者）」・事業者（＝使用者）側
- Ⅰ　はじめに
- Ⅱ　行為者自身の対処法
- Ⅲ　使用者（＝事業主）の対処法
- Ⅳ　メンタル不全対処法
- Ⅴ　弁護士などの対処法

第5章　ハラスメントの予防法
- Ⅰ　はじめに――いかにハラスメントをなくすか？
- Ⅱ　新たなステージに入ったハラスメント規制
- Ⅲ　使用者の職場環境配慮義務（＝「ハラスメント防止義務」）実践を！
- Ⅳ　職場環境の整備

事項索引／判決言渡日順判例索引／参考文献

発行　民事法研究会

〒150-0013　東京都渋谷区恵比寿3-7-16
（営業）TEL. 03-5798-7257　FAX. 03-5798-7258
http://www.minjiho.com/　info@minjiho.com

令和5年7月11日最高裁判決（トランスジェンダートイレ訴訟）も反映！

ハラスメント対応の実務必携Q＆A
―多様なハラスメントの法規制から紛争解決まで―

弁護士法人 ロア・ユナイテッド法律事務所　編
編者代表　岩出　誠

A 5 判・353頁・定価 4,180円（本体 3,800円＋税10％）

▶パワハラ、SOGIハラ、カスハラ、セクハラ、マタハラ、ケアハラ等の職場における多種多様なハラスメントが問題となる中、どのような事例がハラスメントに該当するのか、企業がハラスメントに対しどのような対応をすべきなのかについて、指針における該当例や労災認定例、企業・上司等に対する損害賠償請求裁判例、労働局での解決事例等を示しながら、わかりやすく解説！　フリーランサーに対するハラスメントの規制（フリーランス法）にも言及！
▶多様なハラスメント実務対応の必携となるべく、適切な労務管理を行うために実務に必要となる防止規程や懲戒規定例、相談に適切に対処するための整備、トラブルが発生した場合の解決手続の選択の考え方や書式例なども織り込み、実務のニーズに応える、企業の人事・労務関係者や職場の管理・監督者、弁護士、社会保険労務士等のための必携の書！

本書の主要内容

第1章　ハラスメント総論
Ⅰ　ハラスメントの類型発生状況―問題の深刻さ
Ⅱ　ハラスメント対策の必要性
Ⅲ　ハラスメントへの法的規制の概観

第2章　多様なハラスメントをめぐる法規制の概要と裁判例等の概要
Ⅰ　職場におけるパワハラ― SOGIハラ、カスハラを含む
Ⅱ　職場におけるセクハラ
Ⅲ　職場におけるマタハラ、ケアハラ

第3章　ハラスメントに対して法令等で求められる対応
Ⅰ　ハラスメント防止のための関係者の責務
Ⅱ　ハラスメント防止のために事業主が雇用管理上講ずべき措置等

第4章　ハラスメントへの紛争の解決方法
Ⅰ　ハラスメントへの紛争解決援助制度等
Ⅱ　ハラスメント損害賠償請求紛争の解決方法
　　―職場環境調整を含む

HPの商品紹介はこちらから↓

発行　民事法研究会

〒150-0013　東京都渋谷区恵比寿 3-7-16
（営業）TEL. 03-5798-7257　　FAX. 03-5798-7258
http://www.minjiho.com/　　info@minjiho.com

企業で重責を担う管理職の役割を適正化することが、企業の活性化にも繋がる！

Q&A現代型問題管理職対策の手引
――組織強化と生産性向上のための実務指針を明示――

弁護士法人 髙井・岡芹法律事務所 編

A5判・315頁・定価3,960円（本体3,600円＋税10%）

▶能力不足や各種パワハラ行為を行う問題管理職への対応をQ&A方式でわかりやすく解説！
▶組織を効率的に運用するための管理職対策を法律専門家が詳らかに解説！　設問数は姉妹書『Q&A現代型問題社員対策の手引』と同等の79問を収録！
▶厚生労働省から公表されたパワハラ防止指針に基づく管理職に求められる対応や、ワーク・ライフ・バランスを重視した働き方など、職場環境の変化に対応するための実務指針を明示！
▶日々、管理職の問題行動対策に悩まされている人事労務担当者、経営者だけでなく、企業法務に携わる法律実務家にとっても必備となる1冊！

本書の主要内容

第1章　管理職登用時の問題

第2章　管理職在職中の問題
1　管理監督者への該当性
2　法規・就業規則適用関係
3　待　遇
4　ハラスメント
5　メンタルヘルス
6　長時間労働
7　不正行為
8　管理職としての適正一般
9　管理職が社内から苦情を受けた場合の手続
10　管理職の労働組合対応
11　管理職と人員調整

第3章　管理職を外す際の問題
1　降職・降格をめぐる問題
2　役職定年制度、定年後再雇用をめぐる問題
3　中途退職をめぐる問題

HPの商品紹介はこちらから↓

発行 民事法研究会

〒150-0013　東京都渋谷区恵比寿3-7-16
（営業）TEL. 03-5798-7257　FAX. 03-5798-7258
http://www.minjiho.com/　info@minjiho.com